現代日本語とりたて詞の研究

ひつじ研究叢書〈言語編〉

【第56巻】日本語の主文現象－統語構造とモダリティ　　　　　長谷川信子 編
【第57巻】日本語会話における言語・非言語表現の動的構造に関する研究
　　　　　　　　　　　　　　　　　　　　　　　　　　　　坊農真弓 著
【第58巻】ニュータウン言葉の形成過程に関する社会言語学的研究
　　　　　　　　　　　　　　　　　　　　　　　　　　　　朝日祥之 著
【第59巻】韓日新聞社説における「主張のストラテジー」の対照研究
　　　　　　　　　　　　　　　　　　　　　　　　　　　　李貞旼 著
【第60巻】ドイツ語再帰構文の対照言語学的研究　　　　　　大矢俊明 著
【第61巻】狂言台本とその言語事象の研究　　　　　　　　　小林賢次 著
【第62巻】結果構文研究の新視点　　　　　　　　　　　　　小野尚之 編
【第63巻】日本語形容詞の文法－標準語研究を超えて　　　　工藤真由美 編
【第64巻】イメージ・スキーマに基づく格パターン構文－日本語の構文モデルとして
　　　　　　　　　　　　　　　　　　　　　　　　　　　　伊藤健人 著
【第66巻】日本語の文章理解過程における予測の型と機能　　石黒圭 著
【第67巻】古代日本語時間表現の形態論的研究　　　　　　　鈴木泰 著
【第68巻】現代日本語とりたて詞の研究　　　　　　　　　　沼田善子 著
【第69巻】日本語における聞き手の話者移行適格場認知メカニズム
　　　　　　　　　　　　　　　　　　　　　　　　　　　　榎本美香 著
【第70巻】言葉と認知のメカニズム－山梨正明教授還暦記念論文集
　　　　　　　　　　　　　　　　　　　　　　　児玉一宏・小山哲春 編

ひつじ研究叢書〈言語編〉第68巻

現代日本語とりたて詞の研究

沼田善子 著

ひつじ書房

はしがき

　とりたて詞については、1984 年、東京都立大学に提出した修士論文以来、研究を続けてきた。修士課程の学生時代、大学院に通う東横線の乗客の会話の中、ふと耳にした言い回しが気になり、翌日、当時の指導教官にお話ししたのが、それ以後の「とりたて」とのつきあいの始まりになった。指導教官はご自身の博士論文で十分に扱いきれなかった「とりたて」研究を受け継ぐ形となった学生の出現を歓迎してくださった。今思えば「飛んで火にいる夏の虫」だったようにも思うが、今日まで曲がりなりにも研究らしきものが続けて来られたのは、このテーマのおかげである。

　始まりは「だけで」と「でだけ」のような「だけ」と格助詞の承接順の違いによる意味の異同の問題であった。そこから「だけ」によらず、これに類する語群の特徴を知りたいと思った。その語群がどのような体系をなしているのか、それが日本語文法の中でどのような位置付けにあるのか、知りたいと考えた。そして現代語のとりたて詞の成立が古典語からのどのような変遷過程を経たものか、それは日本語の体系のどのような変化を反映しているのか、他言語と対照するとどのように見えるのか等々気になることを、その時々にできる範囲で考えてきた。観察する現象それぞれが面白く、追いかける語形一つ一つを愛おしいとさえ思う時期もあった。

　しかし、振り返ってみるとそれは牛の歩みで、研究は遅々として進まず、知りたいと思ったことの半分も分かっていない。今、改めてそれを痛感する。古典語との対照や他言語との対照は自力では手に余り、その領域の専門家に教えを請うた。しかしこれも、本書の考察には十分に生かせていない。本書は 2006 年、筑波大学に提出した博士論文を基に、これに加筆、修正を行ったものである。2006 年以降にも、とりたてに関わる興味深い研究が発表されているが、引用して言及すべきそれらの研究にも十分に触れられてい

ない。その点では不十分さが目につく内容を、今、一書にまとめることの意味を問いつつ、大方のご批判を仰ぐことで、その先の自身の課題もより鮮明にできるのではないかと考え、本書の出版に踏み切った。読者のご寛恕を願うばかりである。

　これまで多くの方が私の研究を導いてくださった。「とりたて」研究に手を引いてくださった奥津敬一郎先生からは、言葉について考える楽しさを学んだ。最初の職場である国立国語研究所でお世話になった南不二男先生、高橋太郎先生はじめ諸先輩からは、言語現象への向き合い方を根本から学び直した。筑波大学の青木三郎氏、杉本武氏、砂川有里子氏、竹沢幸一氏、森芳樹氏、矢澤真人氏はじめ同僚諸氏には、拙い研究に対し、折に触れ、それぞれの研究の立場から示唆に富んだご指摘をいただいた。岩田忍氏、金成姫氏、田川拓海氏、朴江訓氏はじめ筑波大学の院生諸君の研究からも多くの刺激を受け、学ぶことが多かった。この他にも研究の局面、局面で先輩、友人、様々な方に支えていただき、本当に幸せであった。本書を出版するにあたり、ひつじ書房の松本功氏、森脇尊志氏にも大変なお世話になった。改めて皆様に心より感謝申し上げる。

　家族にも支えてもらった。出会って以来、夫は私を「研究者」とすべく常に導き、支え続けてくれた。息子は私に「研究」することの意味、生きることの意味を問いかけ、改めて考えさせてくれる存在となった。離れて暮らす娘を見守り続けてくれた父、母の深い愛情にもどれだけ励まされたか知れない。彼らの存在がなければ、私の現在はなかった。心から感謝している。

　最後に本書を夫、奥津敬一郎に捧げる。

2009 年 2 月
沼田善子

　なお、本書の刊行にあたっては日本学術振興会平成 20 年度科学研究費補助金(研究成果公開促進費)の交付を受けた。

目　次

はしがき　　　　　　　　　　　　　　　　　　　　　　　　　　　　　　i

序章　　　　　　　　　　　　　　　　　　　　　　　　　　　　　　　　1

  1. 研究の目的　　　　　　　　　　　　　　　　　　　　　　　　　　1
  2. 考察の対象　　　　　　　　　　　　　　　　　　　　　　　　　　2
  3. 本書の構成　　　　　　　　　　　　　　　　　　　　　　　　　　5

第1部　文法範疇としてのとりたて詞　　　　　　　　　　　　　　　　7

第1章　先行研究　　　　　　　　　　　　　　　　　　　　　　　　9

  1.1　宮田幸一（1948、1980）　　　　　　　　　　　　　　　　　　9
  1.2　教育科学研究会東京国語部会・言語教育研究サークル（1963）他　11
  1.3　奥津敬一郎（1973、1974）　　　　　　　　　　　　　　　　　12
  1.4　寺村秀夫（1981、1991）　　　　　　　　　　　　　　　　　　14

第2章　とりたて詞の統語論的特徴　　　　　　　　　　　　　　　17

  2.1　とりたて詞の分布　　　　　　　　　　　　　　　　　　　　　17
    2.1.1　格助詞への前接　　　　　　　　　　　　　　　　　　　17
    2.1.2　「所有」の「の」への前接　　　　　　　　　　　　　　20
    2.1.3　述語への後接　　　　　　　　　　　　　　　　　　　　23
    2.1.4　まとめ　　　　　　　　　　　　　　　　　　　　　　　24
  2.2　四つの統語論的特徴　　　　　　　　　　　　　　　　　　　　25
    2.2.1　分布の自由性　　　　　　　　　　　　　　　　　　　　25
    2.2.2　任意性　　　　　　　　　　　　　　　　　　　　　　　27

2.2.3　連体文内性　　　　　　　　　　　　　　　28
　　　2.2.4　非名詞性　　　　　　　　　　　　　　　　30
　　　2.2.5　まとめ　　　　　　　　　　　　　　　　　32

第3章　とりたて詞の意味と機能　　　　　　　　　　　37

　3.1　とりたて詞の意味論的特徴　　　　　　　　　　　37
　　　3.1.1　自者と他者　　　　　　　　　　　　　　　37
　　　3.1.2　主張と含み　　　　　　　　　　　　　　　38
　　　3.1.3　肯定と否定　　　　　　　　　　　　　　　39
　　　3.1.4　断定と想定　　　　　　　　　　　　　　　41
　3.2　とりたて詞における自者と他者　　　　　　　　　43
　　　3.2.1　自者の範囲　　　　　　　　　　　　　　　43
　　　3.2.2　自者と他者の同類性　　　　　　　　　　　46
　　　　3.2.2.1　名詞句　　　　　　　　　　　　　　　46
　　　　3.2.2.2　副詞句　　　　　　　　　　　　　　　51
　　　　3.2.2.3　述語句　　　　　　　　　　　　　　　52
　3.3　他者と文脈　　　　　　　　　　　　　　　　　　54
　3.4　とりたて詞の機能　　　　　　　　　　　　　　　56
　3.5　まとめ　　　　　　　　　　　　　　　　　　　　57

第4章　とりたての焦点と作用域　　　　　　　　　　　59

　4.1　とりたての焦点　　　　　　　　　　　　　　　　59
　　　4.1.1　とりたての焦点の範囲　　　　　　　　　　59
　　　4.1.2　とりたての焦点ととりたて詞の分布　　　　65
　　　　4.1.2.1　直前焦点　　　　　　　　　　　　　　65
　　　　4.1.2.2　後方移動焦点　　　　　　　　　　　　68
　　　　4.1.2.3　前方移動焦点　　　　　　　　　　　　70
　4.2　とりたての作用域　　　　　　　　　　　　　　　73
　　　4.2.1　とりたての作用域ととりたて詞の分布　　　73
　　　4.2.2　とりたての作用域の範囲　　　　　　　　　83
　4.3　まとめ　　　　　　　　　　　　　　　　　　　　85

第 5 章　とりたて詞と他範疇との連続　　89

  5.1　同一語形の意味・用法の広がり　　89
  5.2　形式副詞「まで」「だけ」「ばかり」「くらい」　　89
  5.3　概数量を表す形式名詞「くらい」「だけ」「ばかり」　　92
  5.4　格助詞及び順序助詞「まで」　　95
  5.5　並列詞「など」　　97
  5.6　「も」3種　　100
    5.6.1　形式副詞「も」　　101
    5.6.2　語中あるいは慣用句中の「も」　　104
    5.6.3　慣用的強調の「も」　　105
  5.7　その他「ばかり」「だけだ」「までだ」　　111
  5.8　まとめ　　113

第 2 部　とりたて詞各論　　117

第 1 章　「も」　　119

  1.1　とりたて詞「も」以前—係助詞、副助詞、取り立て助詞など—　　119
  1.2　とりたて詞「も」の統語論的特徴　　122
  1.3　とりたて詞「も」の意味　　125
    1.3.1　「累加」の「も$_1$」　　125
    1.3.2　「も$_1$」の「不定用法」　　129
    1.3.3　「意外」の「も$_2$」　　134
  1.4　「も」の重複構造　　143
  1.5　数量詞と「も」　　146
  1.6　「も」による条件節のとりたて—「ても」—　　151
    1.6.1　「〜て」節のとりたて—「も$_1$」の場合—　　151
    1.6.2　「〜て」節のとりたて—「も$_2$」の場合—　　155
    1.6.3　逆接接続助詞「ても」について　　156

第2章 「まで」　161

2.1　4種の「まで」　161
2.2　とりたて詞「まで」の統語論的特徴　162
2.3　とりたて詞「まで」の意味　164
2.4　「まで」と「さえ₁」　168

第3章 「さえ」「すら」　171

3.1　2種の「さえ」　171
3.2　「意外」の「さえ₁」　172
　3.2.1　「さえ₁」の統語論的特徴　172
　3.2.2　「さえ₁」の意味　173
3.3　最低条件の「さえ₂」　174
　3.3.1　「さえ₂」の統語論的特徴　174
　3.3.2　「さえ₂」の意味　176
3.4　「さえ₁」と「さえ₂」　178
3.5　「さえ₁」「さえ₂」と「すら」の使用実態　180
　3.5.1　類義語「さえ」と「すら」　180
　3.5.2　資料　180
　3.5.3　統語論的観点から見た出現環境の特徴　182
　3.5.4　資料の違いから見た出現頻度　187
　3.5.5　まとめ　190

第4章 「だけ」「のみ」　193

4.1　3種の「だけ」　193
4.2　とりたて詞「だけ」「のみ」　194
　4.2.1　「だけ」の統語論的特徴　194
　4.2.2　「だけ」の意味　196
4.3　「だけ」と条件節　197

第5章 「ばかり」　203

5.1　4種の「ばかり」　203

5.2	とりたて詞「ばかり」	205
5.2.1	「ばかり」の統語論的特徴	205
5.2.2	「ばかり」の意味	208

第6章　「しか」　　　　　　　　　　　　　　　　　211

6.1	とりたて詞「しか」	211
6.1.1	「しか」の統語論的特徴	211
6.1.2	「しか」の意味	212
6.2	「だけ」と「ばかり」と「しか」	214

第7章　「こそ」　　　　　　　　　　　　　　　　　221

7.1	とりたて詞「こそ」の統語論的特徴	221
7.2	とりたて詞「こそ」の意味	223

第8章　「など」(「なぞ」「なんぞ」「なんか」)　　　　229

8.1	3種の「など」(「なぞ」「なんぞ」「なんか」)	229
8.2	とりたて詞「など」の統語論的特徴	230
8.3	「擬似的例示」の「など$_1$」	233
8.4	「否定的特立」の「など$_2$」	235

第9章　とりたて詞の意味体系　　　　　　　　　　　243

終章　　　　　　　　　　　　　　　　　　　　　　247

参考文献　　　　　　　　　　　　　　　　　　　　251

索引　　　　　　　　　　　　　　　　　　　　　　261

序章

1. 研究の目的

　本書は、日本語の「とりたて」についての記述的研究の一環として、現代日本語のとりたて詞の研究を行うものである。

　本書で考察対象とする語群のほとんどは、従来、副助詞、係助詞に分類されてきた。しかし、山田孝雄博士に始まる副助詞、係助詞は、「用語」としては定着しているものの、実際にはその定義、そこに属する語群が、山田文法以降、諸説必ずしも一致しない。両範疇は、宮田（1948）、奥津（1974、1986b）、寺村（1981）等によって指摘されるとおり、問題の多い文法範疇である。

　副助詞、係助詞への批判から、新たな文法範疇として、奥津（1974）は「とりたて詞」、宮田（1948）、寺村（1981）は「取立て助詞」をたてた。しかし、三研究の「とりたて詞」「取立て助詞」は全て異なり、それぞれの定義、そこに属する語彙項目は一致しない。これは、一つには「助詞」という文法範疇を認めるか否かの違いによるが、さらには、文法現象としての「とりたて」をどのようにとらえるかの違いによる。

　「とりたて」の範囲は、上記先行研究以降の諸研究でも、必ずしも一定しておらず、とりたてを比較的狭くとらえる奥津（1974）、寺村（1981、1991）、沼田（1986a、2000）等に対し、近藤（2001）や菊地（2003）等のとりたてはこれより広い。

　近藤（2001）は、奥津（1986b）が並列詞とする、いわゆる「例示」の「など」

や、奥津(1986b)等が形式副詞とする、「程度」を表す「だけ」や「ばかり」をもとりたての機能を果たす語とする。また菊池(2003)は、奥津(1966)の順序助詞「まで」をも含める。一方、奥津(1974)や沼田(1986a、2000)等のとりたて詞や寺村(1981、1991)等の取り立て助詞のとりたてはこれより狭く、上記の語は含まれない。仮に近藤(2001)等、前者のとりたてを広義のとりたてとするなら、後者のとりたては狭義のとりたてと言えるかもしれない。

またこれとは別に、とりたての機能を果たす語とされるものには、工藤(1977)の限定副詞およびこれを後に改称した工藤(1982)の「とりたて副詞」、小林(1987)の序列副詞等もある。さらに、「総記」の「が」や音声的卓立がとりたての機能を果たすこともある。

とりたての研究では、これらも含めた全体で、「とりたて」の概念、それに関わる語群の範囲、諸特徴、それらが相互に成す体系について明らかにする必要がある。しかし、ここでは、その全てを扱うことはできない。

そこで本書は、とりたての中核を成すとりたて詞について、その統語論的、意味論的、種々の特徴を記述し、とりたて詞に属する語群がどのような体系を成すかを明らかにする。

また、とりたて詞周辺に広がる他の範疇に属する語群ととりたて詞の連続性と差異についても考察し、いわば狭義とりたてから広義とりたてへの広がりの様相をもとらえることを目指す。

2. 考察の対象

本書でとりたて詞として考察対象とするのは、以下の語群である。

(1)　「だけ」「ばかり」「しか」「のみ」「も」「まで」「さえ」「すら」「でも」
　　　「だって」「くらい(／ぐらい)」「など(／なぞ／なんぞ／なんか)」「なんて」「こそ」「は」

　　(1)の「だけ」「ばかり」「しか」「のみ」は「限定」の意味を表す(2)〜(5)

の例に見られるような語であって、(6)(7)のような「程度」の「だけ」や「ばかり」等は含まない。

（２）　一つの酵素は一つの特定の反応<u>だけ</u>に作用する。
（３）　彼は自分の見た映画の話<u>ばかり</u>していた。
（４）　新製品は、まだ一部のデパートで<u>しか</u>売り出されていない。
（５）　今回のような特別措置は、非常事態に<u>のみ</u>容認される。
（６）　とにかく、走行可能な道を探して前へ進める<u>だけ</u>進んでみよう。
（７）　彼は女性の兄と名乗る男に顎の骨が折れん<u>ばかり</u>に顔を強打された。

また「も」には次に見られるような、「累加」の「も₁」、「意外」の「も₂」がある。

（８）　Ａホテル<u>も</u>₁大使館<u>も</u>₁この道路沿いにあります。
（９）　１＋１が２になること<u>も</u>₂わからないのか？

「まで」は(10)のような「意外」の意味の「まで」であり、(11)の格助詞や(12)の順序助詞の「まで」は含まない。

（10）　親会社の不祥事が子会社の経営に<u>まで</u>悪影響を及ぼした。
（11）　七瀬は彼らが円陣を作って立ち尽しているすぐ傍<u>まで</u>行って覗きこんだ。
（12）　９時から５時<u>まで</u>を勤務時間とする。

「さえ」には次のように「意外」の「さえ₁」と「最低条件」の「さえ₂」がある。

（13）　１＋１が２になること<u>さえ</u>₁わからないのか？

(14)　お金さえ₂出せば、何でも買える。

　「すら」は「さえ₁」と同じく「意外」の意味を表す次のようなものである。

(15)　作業員達には、その機会の使用方法を想像することすらできなかった。

　「でも」は(16)のような「選択的例示」の「でも」であって、(17)の「でも」は「だ」の連用形「で」と「意外」の「も₂」に分けて考える。

(16)　お茶でもいかがですか。
(17)　休みの日でも早朝から出勤している。

　「くらい」は(18)のような「最低限」の「くらい」で、(19)に見る形式副詞の「くらい」等は含まない。

(18)　手伝ってもらったお礼に、せめてお夕飯くらいごちそうしたい。
(19)　和子は、今日は朝から不思議なくらい体調がよかった。

　「など」には、(20)の「擬似的例示」の「など₁」と(21)の「否定的特立」の「など₂」があるが、(22)に見られるような並列詞の「など」とは区別される。

(20)　このスーツなど₁いかがですか？　よくお似合いになると思いますけれど…。
(21)　授業中に居眠りなど₂してはいけない。
(22)　子供の頃覚えた水泳、自転車、竹馬などは、久しく練習しなくてもすぐにカンをとり戻せる。

また、「は」は(23)のような「対比」の「は」であり、(24)に見られる主題提示の「は」は含まない。

(23)　昨日は寒かったですが、今日は暖かです。
(24)　田口さんは、彼の叔父にあたります。

3. 本書の構成

　本書は序章、終章を除いて、第1部、第2部の二つの部分からなる。第1部は、とりたて詞研究の総論にあたり、とりたて詞がどのように一つの文法範疇をなすかについて考察する。第1章で先行研究を概観し、これを検討することで本書の基本的な考え方を明らかにする。続く第2章、第3章で、とりたて詞の一般的な統語論的特徴と意味論的特徴を考察する。第4章ではとりたて詞の分布と意味解釈の問題をとりあげ、とりたての焦点と作用域について考察する。第5章では、とりたて詞に属する語群と同形の語群を中心に、とりたて詞と他範疇との異同、連続性について考察し、いわば狭義のとりたてから広義のとりたてへの広がりの様相をとらえる。

　第2部はとりたて詞各論であり、第1章から第8章まで、順に「も」「まで」「さえ」「すら」「だけ」「のみ」「ばかり」「しか」「こそ」「など」(「なぞ」「なんぞ」「なんか」)について、各語の統語論的特徴、意味論的特徴を考察する。第9章では、とりたて詞各語の意味論的特徴をまとめ、とりたて詞の意味体系を明らかにする。

　終章では、本書の考察をまとめ、課題となる今後の研究の方向について述べる。

注
1　沼田(1986a)等では、「も$_1$」を「柔らげ」あるいは「単純他者肯定」とし、「も」に「不

定他者肯定」の「も₃」も認めてきた。本書ではこれらを修正する。詳細については、本書第2部第1章を参照されたい。

第1部　文法範疇としてのとりたて詞

第 1 章　先行研究

1.1　宮田幸一（1948、1980）

とりたて詞、あるいは取立て助詞は、従来の副助詞、係助詞を批判して、新たにたてられた文法範疇である。副助詞、係助詞の問題点は、すでに先行研究でも指摘があり、また沼田（1984a: 5–54）でもいくらか詳しく述べたので、ここでは省略する。

　一方、「とりたて」をめぐる研究史は、澤田（2000）に詳しい記述があり、「とりたて詞」「取立て助詞」に関する先行研究に関しては、沼田（1984a: 55–93）でも概観した。しかし、本書も「とりたて詞」を副助詞、係助詞に属する語群を再分類した際に得られる一品詞として考える立場で考察を進めるため、この立場からの先行研究の主なものについては、以下に改めて概観し、そこに見いだされる問題点について考えてみたい。

　「取立て助詞」という用語は、宮田（1948）に始まるものであり、以下のように定義される。

　取立て助詞というのは句の一部を特に取立てて、その部分をそれぞれの特別の意味において強調する助詞である。　　　　　　　　（宮田 1948: 178）

　また、取立て助詞に属する語と、各語の「特別の意味」は以下のようである。

wa：単純取立て
mo：追加取立て、連立取立て、その他
koso：特選取立て
nara：条件取立て
demo：暗示取立て
sae：顕著取立て
made：行過ぎ取立て　　　　　　　　　　　　　　（同 1948: 178–181）

　この他の語彙項目として、「だって」「なりと」「しか」その他があげられるが、上記のような具体的な提示はない。なお、宮田（1980: 73–77）では上記の記述に以下の修正が加えられる。

モ：追加取立て、連立取立て、譲歩取立て
サエ：予想外取立て
コソ：特別取立て

　宮田（1948）の取立て助詞は、「だいたい普通の文法でいう「係助詞」に当る（同 1948: 179）」語で、一般に副助詞とされる「だけ」「ばかり」等は含まれない。

　宮田（1948）では、取立て助詞の機能を文の部分の強調とするが、ここで述べられる強調が、何に対する、どのような強調であるのかは、必ずしも明確でない。これについて宮田（1980）では、取立て助詞が取立てる部分に対して、「話し手の主観に基づく何らかの種類の強調（同: 73）」を与えるとする。取立て助詞の機能に「話し手の主観」を認めるのは、宮田（1980）が取立て助詞を格助詞と対比することによるものと考えられるが、これには、話し手の主観、客観を測る客観的な議論を踏まえる必要があろう。また、ここでも「強調」がどのようなものかは、依然として不明確と言わざるを得ない。例えば、次の「追加取立て」の「も」が「次郎」に与える「話し手の主観に基づいた強調」とは何か、不明である。

（1）　太郎が先に謝ったので、次郎も謝りました。

　仮に、(1)の「も」に話し手の主観に基づく何らかの強調を認めるならば、「追加」とは対義的な「限定」を表す(2)の「だけ」に、同様の強調が認められないのは疑問である。

（2）　太郎は謝らず、次郎だけが謝った。

　また宮田(1948、1980)が取立て助詞各語に認める取立ての意味も、文中に1回現れるか、2回以上重なるかという外形的な理由で、「mo」に「追加」と「連立」をたてるなど、必ずしも体系的な分類とは言えない。
　宮田(1948、1980)は、文法現象としての「とりたて」に目を向け、新たな概念、用語を提唱した点で、重要な研究ではあるが、上に見るとおり、取立て助詞の定義、取立て助詞の範囲、取立ての意味の分類等において、考察の余地を残している。

1.2　教育科学研究会東京国語部会・言語教育研究サークル(1963)他

教育科学研究会東京国語部会・言語教育研究サークル(1963)はいわゆる教科研グループによる研究であるが、教科研グループの研究には、この他にも、鈴木(1972)、高橋(1978a、1983a、1983b)等、とりたてに関する重要な研究がある。
　上記、教科研グループの研究は、とりたての機能を、とりたてられるものとそれに対応する他の同類の要素との対比においてとらえ、「だけ」「ばかり」等をはじめとする、従来の副助詞をも含めてとりたての機能を果たす語と認める点で、よりとりたての本質をとらえた研究と言えよう。鈴木(1972: 231)では、とりたてについて、次のように言う。

名詞は格によって文のなかの他の単語に対することがら上の関係(素材
=関係的な意味)をあらわすが、名詞の格、とくに連用的な格は、とり
たての形が分化していて、そこに表現されているものごとが、現実にあ
る同類のものごとに対してどのような関係にあるかを話し手のたちばか
らあらわしわける。

　しかし、教科研グループの研究は、「とりたて」を形態論上のカテゴリー
とし、名詞や動詞にとりたて助辞のついた全体を「とりたて形」として一語
の語形変化の視点でとらえる。この点、構文単位としての単語の認定という
問題にも関連して、疑問が残る。さらに、とりたて助辞の中に、程度の副詞
句の主要素となる形式副詞の「ほど」や「くらい」「だけ」などが含まれる
のも、支持しがたい。これも、とりたて形を認めることによるとりたての機
能の拡大に原因があるように思われる。

1.3　奥津敬一郎 (1973、1974)

　奥津 (1973、1974) は、従来の副助詞、係助詞を「形式副詞」「不定数量限定
詞」[1]「とりたて詞」「並列接続助詞」[2] に再分類する。ここでは、品詞の分類
基準がもっぱら統語論的特徴に求められ、その境界が明確である。
　奥津 (1973、1974) は、とりたて詞を必ずしも積極的に定義し、そこに
属する語群を体系的に記述しようとしたものではないが、とりたて詞とし
て「ダケ、バカリ、ノミ、シカ、サエ、スラ、マデ、コソ、モ、ハ」(奥津
1974: 151–179) をあげ、他の範疇の統語機能を分析し、これととりたて詞と
を弁別することで、結果的にとりたて詞を特徴づける統語特徴を引き出して
いる。まず、とりたて詞が他の範疇に属する語と比較し、様々な成分に後接
できる点をあげ、副詞句の主要素となる形式副詞ととりたて詞としての弁別
基準として、文構成に必須の要素か否かという特徴があげられる。また、不
定数量限定詞、並列接続助詞との弁別基準として、連体修飾文を受ける被修
飾名詞の一部になれるか否かの特徴があげられる。これにより、本書第1部

第 2 章で詳述するとりたて詞の基本的統語特徴である、「分布の自由性」、「任意性」「非名詞性」が導き出され、とりたて詞から他の統語機能を持つ語群が厳密に排除されることになる。

　さらに、奥津 (1974: 65–85) は、いわゆる格助詞、副助詞、係助詞が時枝文法で辞とされることを批判し、「は」に問題があると指摘しつつ、これらが連体修飾文中の要素となることを基に、詞とするべきであるとする。このことから、副助詞、係助詞を再分類して得られたとりたて詞も、同時に連体修飾文中の要素となる特徴が指摘されることになる。これは、次章で述べるとりたて詞の「連体文内性」の指摘に他ならない。

　なお、ここで奥津 (1973、1974) は、「かくて詞と辞との間には、一方の極に純粋な詞、詞的な詞としての格助詞・係助詞・副助詞・接続助詞などがあり、他方の極に辞的な辞として本来の文頭詞・文末詞などがある（同 1974: 8）」というように、とりたて詞を格助詞と同様に詞とする。この点、これらを話し手の主観に関わるものとして、いわば辞ととらえる先の宮田 (1948)、鈴木 (1972) や後述する寺村 (1981) 等とは異なる。

　「形式副詞」等、他の範疇ととりたて詞の差異と連続性については、後の第 1 部第 5 章で詳述するので、ここでの考察は省略するが、ともあれ、奥津 (1973、1974) により、とりたて詞は、統語特徴の客観的な指標に基いて他の範疇と弁別されることになる。奥津の弁別指標は、本書でも支持し、次章以降で詳述することになる。

　一方、奥津 (1974: 152) は、とりたて詞の意味について次のように言う。

　　概して言えば、まず、これらの意味は「とりたて」である。つまり名詞あるいは副詞を、他の名詞あるいは副詞に対して、他を排してそれのみをとりたてる場合や、それも他と同様であるとしてとりたてる場合や、またごく一般的なとりたての「は」などがある。

また、「は」のとりたてについては次のように言う。

> 「は」はとりたて詞の中で最も一般的な意味を持つ。すなわち（中略）ただ或るものをとりたてるのであり、いわゆる提題である。（奥津 1974: 176）

さらに奥津（1974: 151–179）では、とりたて詞を意味と分布の違いから、「ダケ、バカリ、ノミ」、「シカ」、「サエ、スラ、マデ」、「コソ」、「モ」、「ハ」の6グループに分けて記述する。

とりたてを、とりたてられる要素と他者との関係でとらえる点と、とりたて詞を意味と分布により分類する点は、本書も支持するところである。しかし、奥津（1973、1974）のとりたて詞の意味論的な面の考察は、「考察の余地が残されている（同 1974: 179）」と述べられるとおりである。

少なくとも上の記述だけでは、とりたての定義としては十分とは言えない。また、奥津（1973、1974）では、「は」について、いわゆる「主題」の「は」と「対比」の「は」を区別する明確な記述はなく、「提題」の「は」の範囲がどのようなものであるか、不明確である[3]。さらに「は」のとりたてを「最も一般的」とする点や、個々の語の分析で、例えば「など」を全て並列接続助詞とする点など、再考を要する部分がある。これに関して、特に「など」については本書第2部で詳述する。

1.4　寺村秀夫（1981、1991）

寺村（1981）は、従来の副助詞、係助詞を「取立て助詞」として一括する。取立て助詞は、表現機能上、次のような役割を持つものと定義される。

> コトを描くに当って、あるいは描き上げつつ、それの付着する構文要素を際だたせ、そのことによって自分のコトに対する見方を相手に示そうとする（寺村 1981: 55）
> 「際立たせる」ということは、それを受けとる聞き手の心の中に呼び起される、何らかのほかのモノあるいはコトと「対比させる」ということにほかならない。（同 1981: 55）

また、取立て助詞の統語論的特徴を次のようにいう。

> それの付く語の種類が多様だということであろう。文を構成する要素の継ぎ目のあちこちに付く　（同：62）

上記の取立て助詞は、「提題」と「評価」の助詞に二大分される。以下に各々の定義と属する語を示す(同：64)。

> 提題：色々な格にあたる名詞を取りあげ、それを文全体の題目とすることを主な職能とするもの
> ハ、モ、コソ、スラ、ダッテ、ナンテ、サエ、シカ、デモ、トハ
> 評価：文中の補語を、補語として、あるいはその中心の名詞を、取り出して、何らかと対比させる役割のみを託されているもの
> ダケ、ナド、ナンカ、グライ、マデ、バカリ

また寺村(1991)では、取立て助詞の機能を「一応近似的に「文中のいろいろな構成要素をきわだたせ、なんらかの対比的効果をもたらすこと」と捉えた」(同：13)と言い、「ハ、モ、コソ、サエ、マデ、デモ、ダッテ、シカ、ダケ、バカリ、ナド」について考察する。

寺村(1981、1991)の取立て助詞でも、その機能は、文中の要素と他者との対比においてとらえられている。ただし、奥津(1973)等がとりたて詞を詞的なものとするのに対し、寺村(1981)は、宮田(1948)、鈴木(1972)等と同様に、取立て助詞を話し手の主観に関わるモーダルな要素ととらえ、格助詞とは対立的にとらえる。寺村(1981)は、コトに対するムードを「対人的」「対事的」に分け、取立て助詞を対事的ムードを表すとする。この点は、本書の立場とは異なるが、これについては、次章で改めて述べる。

ところで、寺村(1981、1991)は共に取立て助詞を二分し、それぞれにほぼ同様の語を含めるが、寺村(1981)では、これらを「提題」と「評価」に分けるのに対し、寺村(1991)ではこうした用語は用いられない。また、「も」

の考察において「評価」を「数量、程度についての評価、その多少、高低を強調する意味で使われることがある。(同: 77)」と述べるように、寺村(1981)とは異なる意味に用いている。寺村(1981)の「提題」と「評価」の二分には疑問があるが、これらが寺村(1991)でどのようにとらえられているのかは、寺村(1991)が氏の遺稿を編集したものという事情もあり、十分な記述がなく、読み取りにくい。そこで本書では、次章以降の考察でとりたて詞の体系を示すことで、寺村(1981)への対案を示すことにしたい。

一方、寺村(1981、1991)では、取立て助詞の統語特徴についても、各語の検討の中で詳細な分析を行っており、奥津(1973、1974)が不定数量限定詞とした「ばかり」を取立て助詞から除く、あるいは、「今着いたばかりだ」のような「ばかり」を「だ」と一体化して特殊な意味を表す助動詞化したものと見る等、取立て助詞と異なる特徴を排除している。これは本書も支持するところである。しかしながら、取立て助詞一般を他の文法範疇に属する語群と弁別するに十分な統語特徴が記述されているとは言い難い。この点では、本書は奥津(1973、1974)の記述を支持し、次章以降で改めてとりたて詞一般の統語論的特徴を考察したい。

以上、取立て助詞、とりたて詞について、先行研究の主なものを概観したが、この他にも益岡(1991)や、最近では理論言語学の立場からの青柳(2006)等、様々な研究がある。これらについては、次章以降の考察の中で取りあげて行きたい。

注
1 奥津(1980)では「形式名詞」に改められる。
2 奥津(1986b)の「並列詞」
3 なお、奥津(1986b: 20–24)では、対比の「は」をとりたて詞とし、主題の「は」はこれに含めない。

第 2 章　とりたて詞の統語論的特徴

2.1　とりたて詞の分布

前章で見た先行研究にも指摘されるとおり、とりたて詞はその分布が、格助詞等の他の語と比べて相対的に自由であることが、一つの特徴である。これについては、後の 2.2.1 でも述べるが、しかし、とりたて詞の分布に全く制限がないわけでもない。とりたて詞は、格助詞への前接の可否や述語への後接をめぐって、個々の語の分布が異なる[1]。とりたて詞の一般的統語特徴を考察するにあたり、まず、この点について見ておきたい。

2.1.1　格助詞への前接

とりたて詞には格助詞の前に現れるものと、そうでないものがある。格助詞への前接の可否、難易を見ると、次のことが言える。

（1）a 「が」には、「も[1]」「も[2]」「しか」「だって」「なんて」「は」「選択的例示」の「でも」以外は前接する。(ただし、「誰もが」「誰でもが」等は除いて考える。)
　　 b 「まで」には、「など[1]」「など[2]」を除いては、前接しないか、前接しにくい。
　　 c 他の格助詞には、「だけ」「ばかり」「のみ」「など[1]」「など[2]」以外は前接しないか、前接しにくい。

(1a)については、例えば「だけ」「こそ」「さえ₁」等は次のように「が」に前接する。

（2）a　神様だけが知っている。
　　　b　構造改革こそが現政権の至上命題だ。
　　　c　今の彼には、吹きすぎる北風さえ₁が身にしみた。

　一方(1b)の格助詞「まで」への前接は、わずかに「など₁」「など₂」が、用例は少ないが、次のように前接しそうだ。

（3）　こんな大きな川の向こう岸など₂まで、ボールは投げられない。

　しかし、その他の語、例えば比較的格助詞に前接しやすいと考えられている「だけ」「のみ」「ばかり」も難しそうだ。

（4）a　荷物は入り口？だけ／？のみまで運んでおけばよい。
　　　b　*名古屋ばかりまで迎えに行った。

　もっとも、「だけ」は格助詞「まで」には後接する例も少なく、後接しても「までだけは」「までだけでも」のように、「だけ」の後に「は」や「でも」を伴うのがほとんどである。一方「のみ」「ばかり」はこうした形にしても不自然さが残る。「だけ」「のみ」「ばかり」は、それだけでは格助詞「まで」自体に承接しにくいようだ。
　因みに「だけ」「ばかり」は、歴史的に見れば、連続的なものの限界点設定という意味が、「限定」のとりたて詞となる契機と考えられるのだが、こうしたことが「まで」との承接に影響を与えているものと思われる。「のみ」は、元来、現代語の「だけ」とは異なる意味を持っていたものの、歴史的な変遷過程を経て、現代語では「だけ」と文体差を除いてほぼ同一の特徴を持つ語になっている[2]。そこで、「のみ」も「だけ」と同様の承接制限を持つ

ことになるのだろう。

　他の格助詞へは、(1c)のとおり前接できるものは少ない。「も」「こそ」「しか」等に加え「なんて」も前接できない。また、従来副助詞とされた「くらい」や「まで」も前接しにくいようだ[3]。

（5）a　加害者が少年だとしても、被害者*くらいに／にくらい審判の内容を知らせてほしい。
　　　b　僕は臨時雇いのアルバイトだが、腰の引けた新米店長*くらいと／とくらいいつでも渡り合ってやる。
　　　c　ここから発信した電波が地球の裏側*までに／にまで届くのだ。

　また前接するものの中でも、「否定的特立」の「など[2]」は、当該の要素を否定的にとりたてるものだが、格助詞に後接した場合の方がこの意味が鮮明になる。また、これらは否定述語や反語的表現と共起しやすいのだが、格助詞に後接した場合はそれが顕著で、むしろ肯定述語と共起すると不自然になる。

（6）a　ヤクザなど[2]と手を組んでいる。
　　　b　ヤクザとなど[2]手を？組んでいる／組んでいない／組んでいるとは。

　以上のように見ると、結局、とりたて詞で格助詞の前に自由に現れるのは、「など[1]」「など[2]」に限られる。一部制限のある「だけ」「のみ」「ばかり」がこれに続くが、それ以外の語は、概して格助詞には前接しにくい、あるいは後接する方が意味的に安定すると言えそうだ。特に「くらい」や「まで」の分布を見ると、むしろとりたて詞全体としては、格助詞に後接する傾向にあると考えられる。その点で、(1a)で見た格助詞「が」への前接、特に他の格助詞へは前接しない「こそ」「さえ[1]」等については、例外的な現象として注意する必要があるだろう[4]。

2.1.2 「所有」の「の」への前接

とりたて詞には、次のようにいわゆる連体の「の」に前接できるものがある。

(7) a 当局による関連施設だけの調査
　　　cf.(この)調査は当局による関連施設だけだ。
　　b 女性ばかりの会議
　　　cf.(この)会議は女性ばかりだ。
　　c 腹心の部下からさえ₁の裏切り
　　　cf.(この)裏切りは腹心の部下からさえ₁だ。
　　d 幼い子供達にまでの労働の強制
　　　cf.(この)労働の強制は幼い子供達にまでだ。
　　e 当家のお嬢様にこそのまたとない良縁
　　　cf.(この)またとない良縁は当家のお嬢様にこそだ。

(7a)〜(7e)の「の」は「だ」の連体形の「の」と考えられるものだが、これに対して「所有」を表す「の」に前接できるのは、「など₁」「など₂」「だけ」「のみ」に限られる[5]。

(8) a 私など₂の恋人は一生見つからない。
　　b 私だけ／のみの恋人を見つけたい。

なお、「ばかり」は現代語の「だけ」の意味で用いられた時期があり、明治期の文献に至ってもそうした用例が散見される。このことと関連があるだろうが、人によってはこの位置に現れる「ばかり」を許すかもしれない。しかし、一般的には次の文は非文であろう。

(9) *私ばかりの恋人を見つけたい。

「だけ」は名詞出自の語であり、「など」は名詞列挙の最後の「何と」を語源とする語である。上に見る両者の格助詞や所有の「の」への前接は、その出自と関係があるだろう。

　「だけ」は「限定」のとりたて詞としての成立が遅く、此島 (1973: 247) では、その用法が安定するのは明治期に入ってからと言われ、寺田 (2000) では、明治30年代後半以降とされる。一方、「だけ」には、後の第 1 部第 5 章 5.3 で見るように、とりたて詞以外に、概数量を表す形式名詞の「だけ」がある。歴史的変遷過程は慎重な検討が必要だが、「だけ」は本来の名詞「たけ」が文法化され、概数量を表す形式名詞、程度の形式副詞等の用法を経て、近代に入り「限定」の意味のとりたて詞としての用法を獲得するに至ったと考えられる。こうしたことから、格助詞や所有の「の」への前接は、概数量を表す形式名詞「だけ」を経由して引き継がれた特徴が、とりたて詞「だけ」に残っているためと考えられるのである。

　「のみ」は先述のように、歴史的変遷の過程を経て、現代語では「だけ」とほぼ同一の特徴を持つに至ったことが、こうした分布を可能にしているのであろう。

　「など」は、後の第 1 部第 5 章 5.5 で述べるとおり、不定指示詞「何」が並列詞「と」を伴い、名詞列挙の最後に現れたものに始まると言われる。この「何と」が並列詞「など」を経由して、とりたて詞の用法を獲得したのが、とりたて詞「など」であると推測できる。歴史的変遷過程を具に検討しなければならないが、とりたて詞「など」も、とりたて詞としては「だけ」同様、比較的新しい語と考えられる[6]。とすれば、ここで見る「など」の分布は、未だ並列詞としての「など」の統語特徴を部分的に残しているためと考えることもできる。

　ただし同じく「所有」の「の」へ前接するものの、「など」は「だけ」「のみ」と比べ、特に注意しておくべき次のような現象がある。

　次に見るように、先の (8a) は (10a) のようにしても同義に解釈できるが、(8b) を (10b) のようにすると文意が異なり、(10b) は例文の内容からして、やや不自然な文になる。

(8) a 私など₂の恋人は一生見つからない。(再掲)
　　 b 私だけ／のみの恋人を見つけたい。(再掲)
(10) a 私の恋人など₂は一生見つからない。
　　 b 私の恋人だけ／のみを見つけたい。

　「だけ」「のみ」の文では、名詞句内にある場合と名詞句の外、つまり主節内にある場合で「だけ」「のみ」の作用域が異なるのに対応して文意の解釈も変わってくる。これに対して、「など」はいずれに分布しても結果的に同義に解釈されるのである。
　一般にとりたて詞の作用域は、当該のとりたて詞を含む最小節内の範囲で、節境界を越えない[7]。(8b)と(10b)のような場合を同様に扱えるかどうかは考察の必要があろうが、「だけ」「のみ」が(8b)と(10b)で文意が異なるのは、これと似た制約が働くためと考えられる。これに対して「など₁」「など₂」は、(8a)と(10a)が同義になる点で、これに反することになるとも考えられる。これと関連して「など₁」「など₂」は、引用節内と主節内とに分布する場合も、次のように同義となる現象がある。

(11) a そんな大金を貸すなど₂と言っていない。
　　 b そんな大金を貸すとなど₂言っていない。

　こうした現象をどのようにとらえるべきか、俄には答えを持たないが、「など₁」「など₂」の分布については、さらに考察を深める必要があると考える。今後の課題としたい。
　ともあれ、こうした現象を見る時、「のみ」は別にして、「だけ」「など₁」「など₂」に見られる他のとりたて詞と異なる分布は、多分にこれらの語のとりたて詞としての成熟度の低さを物語っているように見える。

2.1.3　述語への後接

次にとりたて詞の述語への後接の様相について見ていく[8]。

　とりたて詞は、文末詞「ね」等の「行くね」のように単純に述語に後接しない。述語に後接する際は、用言や「だ」の連体形等に後接し、その後に「だ」が現れるものと、連用形に後接し、その後に「する」「ある」等の形式述語が現れるものがある[9]。

　述語の連体形に後接するのは、「だけ」「のみ」「ばかり」である。ただし次のように「過去」あるいは「完了」を表す「た」[10]への後接は、「だけ」「のみ」にしか見られない。

(12) a　交渉は進展せず、両国間での議論の継続を確認しただけ／のみだ。
　　 b　ポケットの中には特別手がかりになりそうなものはなく、喫茶店のレシートと小銭がいくらかあっただけ／のみだ。

「ばかり」はいわゆるル形には後接するが、タ形に後接できない。

(13)　腕自慢の強者を集めたばかりだ。

　(13)の「ばかり」は、「直後」を表すいわばアスペクト詞として働くもので、「限定」のとりたて詞「ばかり」ではない。したがって、次の(14)のように「ばかり」が後接するル形の述語も、タ形と対立し、「過去・非過去」、「完了・未完了」の対立を表しているものではないと考えられる[11]。

(14)　この年頃は、何を言っても、反抗的になるばかりだ。

　その他の語は、次のように述語の連用形に後接する。

(15) a　泣きも[1]すれば、笑いも[1]する。(cf. 泣き、そして笑う。)
　　 b　自分の絵をむりやり友達の店に飾らせたあげく売りつけまでして、

涼しい顔をしている。(cf. 〜あげく売りつけて、〜)
c　うちの子はお年寄りを殴りなど₂しません。(cf. 〜殴りません。)
d　困っていたら、手を貸しくらい[12]したい。

　もっとも、連用形述語に後接するのは、「も₁」等の語にとってそれほど座りのよいものではない。そこで特に述語をとりたてるのでなければ、これらの語はこうした位置には現れにくい。
　このように見ると、「過去・非過去」「完了・未完了」の対立が分化した述語に後接できる「だけ」「のみ」は、とりたて詞の中でも特異な語と言える。こうした点も先の2.1.2で見た「だけ」のとりたて詞としての成熟度の低さ、逆に言えば、名詞的特徴の残存と関係があると思われる。

2.1.4　まとめ

とりたて詞は、格助詞等の他の語と比べれば文中での分布が相当に自由である。しかし、格助詞への前接の可否や述語への後接のあり方では、個々の語によって異なる制限や傾向があった。分布からあえてとりたて詞を分けるならば、「だけ」「のみ」「ばかり」「など₁」「など₂」が、他の語に比較して、より広い範囲に分布する点で区別できるかもしれない。しかしこれら5語の間にも、格助詞への前接、述語への後接の様相が異なり、5語全体で他の語と対立するわけではない。
　従来、格助詞の前にも、後にも現れるとされることの多かった「くらい」「まで」等の分布を含めて全体的に見ると、とりたて詞の分布は、「も₁」「さえ₁」等の分布のあり方が典型的と考えられる。つまり、とりたて詞の典型的な分布は、格助詞には後接する傾向にあり、述語は連用形に後接しその後に「する」「ある」等の形式述語が現れるというものだと考えられるのである。
　因みに従来は、副助詞と係助詞の区別、あるいは副助詞内の二分の際には、格助詞への前接の可否等、分布の違いが重視された。しかし上のように見ると、少なくともこれでとりたて詞を二分するのは難しい。歴史的に見

て、仮にある時期の日本語の体系において係助詞、副助詞という分類が妥当であったとしても、現代語では、分布上は係助詞、副助詞という対立はゆるんでいる。むしろ係助詞とされた「も」等の分布に、副助詞とされた「くらい」や「まで」等が近づく形で両者が接近し、とりたての機能を果たす語で一つのカテゴリーを成してきていると考えられる。

2.2　四つの統語論的特徴

上ではとりたて詞の分布について見たが、以下ではとりたて詞と他の範疇とを弁別する指標となる統語論的特徴について考えたい。

とりたて詞には、一般に次の四つの統語論的特徴を認めることができる。

(16)　a　分布の自由性
　　　b　任意性
　　　c　連体文内性
　　　d　非名詞性

　(16) の統語論的特徴のそれぞれは、とりたて詞以外の他の文法範疇に属する語にも共通する場合がある。例えば任意性は、「ね」「さ」などの間投詞にも認められる特徴である。しかし、上の四つの特徴をすべて満たすのはとりたて詞だけである。以下それぞれの特徴について見ていくことにする。

2.2.1　分布の自由性

とりたて詞の分布は、先に見たとおり全く制限が無いわけではないが、格助詞等と比べると、文中での分布は相当自由で、種々の要素に後接する。次にその例をあげる。

（T はとりたて詞を示す。）

(17)　a　水曜日の会議には、重役しか出席できなかった。（名詞＋T）

 b 祖母は、大学生の孫<u>に</u><u>も</u>お菓子を買ってくれようとした。(名詞＋格助詞＋T)
 c 大事をとっての継投策に<u>まで</u>裏目に出られた。(名詞＋格助詞＋T)
 d お米さんもちゃっかり（と）<u>だけ</u>しているわけではなかった。(副詞＋T)
 e 雨乞いの踊りはすれど、雨はぽつりと<u>さえ</u>₁降って来ない。(副詞＋T)
 f こんな時、彼女ははかなげに微笑む<u>ばかり</u>だ。(動詞＋T)
 g そんな生き方はただむなしい<u>だけ</u>だ。(形容詞＋T)
 h 敦子は傲慢<u>でも</u>₁ないし、冷徹<u>でも</u>₁ない。(形容詞＋T)
 i 山田先生は恩人<u>でも</u>₁あるし、人生の師<u>でも</u>₁ある。(名詞＋copula＋T)

　上の例のように、とりたて詞は名詞や名詞＋格助詞の連用成分、副詞、述語である動詞、形容詞、名詞＋copula 等に後接する。また、連用成分の場合も、主語だけでなく、目的語その他種々の格の名詞句に後接する。
　さらに語によっては、とりたて詞同士が相互承接したり[13]、一文中に異なるとりたて詞は勿論、同じとりたて詞が複数現れる場合もある。

(18) a 友人との面会<u>さえ</u>₁<u>も</u>禁じられた。
 b 年端もいかぬ子供に<u>まで</u>侮られたくない。
 c 彼<u>だけ</u>が極秘情報に<u>も</u>₁接することができた。
 d 太郎は勉強<u>も</u>₁できるし、スポーツ<u>も</u>₁得意だ（が、次郎<u>は</u>、勉強<u>しか</u>できず、スポーツ<u>は</u>苦手だ。
 f 太郎<u>だけ</u>が、よそ見せず、ひたすら自分の研究<u>だけ</u>に邁進した。
 g 私の方<u>こそ</u>、先方に謝罪してもらい<u>こそ</u>すれ、責任を問われる筋合いはない。
 h 独身の僕<u>など</u>₂が、仲人<u>など</u>₂できるわけがない。

とりたて詞のこのような特徴を「分布の自由性」と呼ぶ。分布の自由性は、第1部第4章で述べるとりたて詞の焦点と作用域を考える上で重要な特徴である。

2.2.2 任意性

(19) a 割引券を常連客に<u>だけ</u>／∅ 渡した。
　　 b 割引券を常連客が欲しがる<u>だけ</u>／*∅ 渡した。
(20) a おスケさんに<u>くらい</u>／∅ 本当のことを言えばよかった。
　　 b おスケさん<u>くらい</u>／*∅ 優しい人は他にはいない。

　(19a)の「だけ」はとりたて詞であり、「常連客」をとりたて、「割引券を渡した」ことに関し、他者「常連客以外の人」との関係を示している。(20a)の「くらい」も「他者はどうあれ最低限おスケさんには」といった「最低限」の意味を表すとりたて詞である。そして、(19a)(20a)は「だけ」や「くらい」がなくても文として成立する。とりたて詞が述語に後接する際も、次のように当該のとりたて詞がなくても、文は成立する。

(21) a 母親が帰ってくるまでの間、子供は泣いて<u>ばかり</u>／∅ いた。
　　 b 佐和子は誠一の上京を知っていた。それどころか彼に会って<u>さえ₁</u>／∅ いた。

　一方、(19b)の「だけ」や(20b)の「くらい」は、補足成分をとって全体で副詞句を作る形式副詞である。副詞句の主要素だから、これらがないと副詞句が成立せず、ひいては文が成立しない。この形式副詞については、後の第1部第5章5.2で述べる。
　ところでとりたて詞が承接することにより、次の(22a)のように格助詞が消去されることがあり、また(22b)、(22c)のように述語は形を変化させる。この場合は、単純にとりたて詞だけを除くと文は非文になる。

(22) a　午後から雨も₁／*∅ 降り出した。
　　 b　こっちのことなど振り向きさえしない／振り向き*∅しない。
　　 c　上等の材料でも半分使うだけで／使う*∅で　残りは捨ててしまう。

　しかし、これらはとりたて詞が承接することで、「が」が消去されたり、述語の語形が変化しているのであって、「も₁」や「だけ」を除く際にはこうした変化も元に戻して考える必要がある。そしてそのようにすれば文は成立する。次のようである。

(23) a　午後から雨が降り出した。
　　 b　こっちのことなど振り向かない。
　　 c　上等の材料でも半分使って残りは捨ててしまう。

　上の例で見るとおり、とりたて詞はそれがなくても文が成立する。もちろん、とりたて詞はとりたて詞としての意味、機能を持つから、それがある文とない文では、意味が異なる。その点では二つの文は別の文と言える。しかし、構文論的な観点から見て、一文の構成に直接関与するか否かで言えば、否である。つまりとりたて詞は、「ね」「さ」等の間投詞と同様に任意の要素である。この特徴がとりたて詞の「任意性」である。任意性を有する点で、とりたて詞は、格助詞、形式副詞、形式名詞等とは異なる。

2.2.3　連体文内性
　従来、「は」「も₁」「こそ」「しか」等、とりたて詞に属する一部の語は文末と何らかの呼応を要求するものとして係助詞とされてきた。例えば山田 (1936: 487) では、その根拠として、次のような係助詞「は」(いわゆる「主題」の「は」)が連体修飾文中の要素にならないことをあげ、こうした特徴は係助詞すべてに通じるとする。

(24)　*鳥は飛ぶ時

しかし、とりたて詞は下の例のようにすべて連体修飾文中の要素となり得る。つまりとりたて詞は少なくとも山田（1936）の言う係助詞ではないのである。この特徴を「連体文内性」という。

(25) a　夏は涼しく冬は暖かい村（「対比」の「は」）
　　　b　父親も₁参加する育児講座
　　　c　日頃忙しい人こそうまく利用する余暇時間
　　　d　微量の塵さえ₁嫌う実験装置
　　　e　当事者にしかわからない感情
　　　f　手作りの品だけを扱う店
　　　g　柔らかい食べ物ばかり食べる子供達
　　　h　夢にまで見た冒険旅行
　　　i　福祉など₂切り捨てた予算案
　　　j　朝夕の挨拶くらいする近所づきあい

　とりたて詞に属する語は、宮田（1948）、鈴木（1972）、寺村（1981）等では、話し手の主観に関わるモーダルな要素として、いわゆる辞に含められることが多かった。しかし、典型的な辞であり、ムードの表現とされる感動詞や奥津（1974）の文末詞に当たるいわゆる終助詞、間投詞、主題提示の「は」等は連体修飾文から排除される。この点で、とりたて詞は文末詞等とは明らかに異なる。むしろ連体文内性の点から言えば、詞・辞のいずれかに位置づけるとするなら、奥津（1974）や南（1974）に従って、とりたて詞は格助詞に近く、詞に位置づけるべきであろう。
　また逆に、連体文内性の有無で、係助詞や文末詞ととりたて詞を弁別できる。ただし、連体文内性は格助詞も持っているから、連体文内性によって直ちにとりたて詞であると決定はできない。ただ、従来係助詞とされてきた「対比」の「は」や「も」等を、そうではなくとりたて詞とする根拠の一つにはなる。つまり次の例で、(26a)の「は」は連体文内性を持つので、「対比」を表すとりたて詞であり、(26b)の「は」はそうではないので係助詞の「は」

(26) a 私には解けない問題（でも、彼には解ける。）
　　 b ＊鳥は飛ぶ時

　本書では、上のように考え、「対比」の「は」をとりたて詞とし、「主題」の「は」を係助詞としてとりたて詞から除く。
　ただし、語における主観、客観の別は単純ではない。程度副詞を工藤(1983: 197)が「いわゆる情態副詞（様子や量）がことがら的側面にかたより、いわゆる陳述副詞（叙法や評価）が陳述的側面にかたよる中にあって、程度副詞は、陳述的に肯定・平叙の叙法と関わって評価性をもちつつ、ことがら的には形容詞と組み合わさって程度限定性をもつ、という二重性格のものとして位置づけられる」と述べるように、1語の中に客観的なコトガラ的側面と主観的な側面が二重に存在するといった見方が、とりたて詞においても必要となる。
　とりたて詞各語を見る際も、客観的側面にかたよる語と主観的側面へのかたよりが重くなる語とがある。この点については、第1部第3章3.1 とりたて詞の意味論的特徴、あるいは第2部各論での議論で、改めて見ていくことになる。

2.2.4 非名詞性

(27) a 田中さんだけが悲しそうにしずんでいた。
　　 b 先着30名だけに半額で販売する。
　　 c 黙って我慢するばかりが必ずしも男らしいとはかぎらない。

　上のような「だけ」や「ばかり」は、体言に準ずる働きを持つと考えられることがあった。例えば橋本(1969: 60–62)では、こうした「だけ」や「ばかり」を「副助詞」の「体言に準ずる用法」にあるものとし、松下(1930:

367–369) は「名助辞」とした。

確かに (27) の「だけ」や「ばかり」は格助詞に前接し、特に (27c) は「ばかり」に先行するのが文であることから、「ばかり」があたかも形式名詞の「こと」と同様、体言のような働きをするように見える。格助詞に前接するという分布を見れば、なにがしかの名詞性を持っていると考えていいのかもしれない。

ところで、一般に名詞は連体修飾構造の主名詞になり得る。仮に、上の「だけ」や「ばかり」が十分な名詞性を持つなら、「田中さんだけ」や「先着 30 名様だけ」は、「田中さん」「先着 30 名」が名詞だから、全体でも名詞として連体修飾文を受けることができるはずである。また、「黙って我慢するばかり」も、「ばかり」が形式名詞「こと」と同様に機能するなら、全体で連体修飾構造の主名詞となるはずである。しかし、(28a)(28d)(28e) は非文になる。そこで (28) の「だけ」や「ばかり」には名詞が一般的に持つ程度の名詞性はないことがわかる。そこで、このようなとりたて詞の特徴を「非名詞性」と呼ぶ。

(28) a ＊悲しそうにしずんでいた 田中さんだけ
　　 b 　悲しそうにしずんでいた 田中さん
　　 c ＊半額で販売する先着 30 名だけ
　　 d 　半額で販売する先着 30 名
　　 e ＊男らしいとはかぎらない黙って我慢するばかり
　　 f 　男らしいとはかぎらない黙って我慢すること

これに対して、従来の並列助詞、奥津 (1974) 等の並列詞である「と」「か」「やら」等は、それ自体名詞ではないが、名詞について名詞句の一部となり、連体文の主名詞の場合もその一部になれる。次のようである。

(29) a 　太郎が勉強した中国語と韓国語
　　 b 　花子に習わせたいお茶か生け花

従来、副助詞とされた「など」も、並列詞の「など」ととりたて詞の「など$_1$」「など$_2$」に三分できる。詳しくは第 1 部第 5 章 5.5、および第 2 部各論で述べるが、前者は名詞句の一部となり、後者はならない。

(30) a　祐輔が学生委員、新入生、二年生などをうまくまとめた。
　　 b　祐輔がうまくまとめた学生委員、新入生、二年生など
(31) a　この写真の表情など$_1$、彼の少年のような純粋さをよく表している。
　　 b　＊彼の少年のような純粋さをよく表しているこの写真の表情など$_1$
(32) a　五歳の子供など$_2$にとっさの判断ができるわけがない。
　　 b　＊とっさの判断ができるわけがない五歳の子供など$_2$

　(30)の並列詞「など」は、(30b)のように連体修飾の主名詞の一部になる。一方、(32b)(33b)が非文となるように、とりたて詞の「など$_1$」「など$_2$」は主名詞の一部になり得ない。
　連体文の主名詞についての、上のような特徴によって、同形でもとりたて詞とそうでない語を弁別できる。

2.2.5　まとめ

　さて、これまで四つの統語特徴を見てきたが、とりたて詞は、これら四つの統語特徴である分布の自由性、任意性、連体文内性、非名詞性をすべて有する語であり、このことをもって他の文法範疇と弁別される。
　分布の自由性は、第 1 部第 4 章で詳述するが、とりたての焦点と作用域を考える上で重要な特徴である。
　任意性は、とりたて詞が文の一次的構成段階には関与せず、とりたて詞の統語論的機能が他にある、すなわち接続詞等に似た機能を担うことを表す。
　因みに、一つの述語を中心にして構成される文ないしその部分の述語句は、そのまま単文になる場合もあるが、複数組合わさって、全体で一つの構成体をなすこともある。それは、多くの場合、複文であったり、接続詞など

によって結びつけられた、文章、談話という、より大きなまとまりであったりする。これらは、複合化される命題と命題が、複文なり文章なりの表現面に現れ、いずれも明示される。

　一方、とりたて詞を含む文では、例えば「太郎だけが学校に行く」の場合、「だけ」によって、「太郎が学校に行く」と「太郎以外が学校に行かない」という二つの述語句が、前者が明示され、後者が暗示される形で結びつけられている。とりたて詞は、本章に続く第3章で詳述するように、明示された述語句に対し、暗示されるこれと範列的に対立する述語句とを結びつける役割を果たすのである。

　接続詞等による複合化は、複文の場合のように両者が明示されるのが一般的ではある。しかし、複合化された述語句の一方が明示され、他方が暗示されるという変則的な形ではあるが、広い意味では、とりたて詞も接続詞等に類する述語句の複合化を行っていると考えることができる。つまり、とりたても文の複合化の一種と考えられるのである。

　連体文内性は、とりたて詞を文の階層構造における基本的な位置づけを考える上で重要な特徴となる。本書では先述のとおり、とりたて詞を、1語の中に客観的なコトガラ的側面と主観的側面が二重に存在する語ととらえる。その上でなお、連体文内性を持つ点で、とりたて詞は「主題」の「は」等とは異なり、これよりは文の階層構造上、より内側に位置づけられるものと考える。また、2.1で見たとおり、とりたて詞が述語に後接する際は、典型的には連用形述語に後接しその後に形式動詞が続く、すなわちテンスの前に現れる。南(2000)では、とりたて詞は判断段階の中の背景構造に属するとされるが、上のような点から、本書もこれを指示する。

　非名詞性は、格助詞の前に現れるとりたて詞においても、これらが名詞と言うに足る十分な特徴、あるいは橋本(1969)、寺村(1981、1991)等にいわれる準体言的機能を持たないことを示す。また逆に、非名詞性の有無の指標となる主名詞テストは、連体修飾の観点から「名詞性」を考える一つの指標となる。

注

1 ここでは扱わないが、副詞句への承接も、当該の副詞句のとりたての可否から、様々な制限が見られる。これについては、次章 3.2.2.2 で考察する。

2 ただし、程度や量を限定する次のような場合には、「のみ」が不自然になる点で、「だけ」と異なる。
(1) 彼はちょっとだけ／*のみ部屋の中を覗いてみた。
「のみ」「ばかり」の意味の変遷については、此島 (1973: 234–248) 小柳 (2001: 122–124)、宮地 (2001: 129–140) 等を参照されたい。

3 試みに、『CD-ROM 版新潮文庫の 100 冊』に収められた作品中、安部公房「砂の女」、阿川弘之「山本五十六」、赤川次郎「女社長に乾杯」、芥川龍之介「羅生門」、有島武郎「小さき者へ」、有吉佐和子「華岡青洲の妻」、太宰治「人間失格」について調べたところ、「くらい」は前後とも格助詞に承接する例は無く、「まで」は、格助詞に前接する例は、「が」に前接する例 20 例があるのみに対し、格助詞に後接する例は「にまで」20 例、「とまで」1 例、「からまで」4 例、「でまで」1 例であった。

4 「排他」の解釈になる格助詞「が」や、歴史的には、従来の係助詞「ぞ」との関係も合わせて考察する必要があろうが、これについては別稿に譲る。

5 沼田 (1989: 187) では、「くらい」もこの位置に現れると考えたが、これは難しそうだ。

6 この点については、陳 (2003) が参考になる。

7 とりたての作用域については、第 4 章で詳しく述べる。

8 「だけ」「くらい」は、「聞くだけ聞く」「手を？貸すくらい 貸す／する」のような場合があるが、これについては部分的、例外的な現象として、ここでは考察から除外しておく。

9 この他、述語に後接する場合は、
(1) その件には、まだとりかかってさえ[1]いない。
のように、中止形にも後接する。
また否定的特立の「など[2]」は、「絶対、泣いたりなど[2]しない。」のように並列のタリ形に後接して現れることも多い。

10 ここでは、「た」がテンスを表すか、アスペクトを表すか、厳密な議論の用意はない。ここでは、一応、タ形が表す「過去」「完了」いずれも認め、テンスを表すタ形を認めておく。

11 タ形述語のとりたてができないことと、述語のテンスの分化の是非は慎重に考える必要があるが、他のとりたて詞による述語のとりたての様相も視野に入れ、ここでは、このように考えておく。また、「ばかり」には否定述語や状態性述語への後接にも制限がある。これらについては、第 2 部第 5 章で詳しく述べる。

12 「くらい」も、次の (1) のようなものについては若干の考察の余地を残している。
(1) 殴れば痛いくらいのことお前にもわかるはずだ。
なお沼田 (1992: 55) では、「くらい」は (2a) のような形で連体形にも後接すると考えた。しかし、(2a) は (2b) と同義の解釈の可能性がないことからも、沼田 (2000) 等で

述べた形式副詞の「くらい」と考えるべきであった。
(2) a ビールを飲むくらいだ。
　　b ビールくらい飲む。
13　沼田 (1986: 111) では、とりたて詞が相互承接する例として、以下の例をあげた。
(1)　バラだけもいいが、たまにはいろいろな種類の花を使ってみよう。
しかし上は、実際には次の文が縮約されたもので、(18a) の「さえも」の例とは異なる。
(2)　バラだけを使うのもいいが、たまにはいろいろな種類の花を使ってみよう。
とりたて詞の相互承接は、考察すべきことが多いが、本書では十分な検討ができない。課題として残す。

第 3 章　とりたて詞の意味と機能

3.1　とりたて詞の意味論的特徴

とりたて詞の意味は、原則として以下の (1) にあげる 4 組 8 個の基本的特徴とその組み合わせで体系的に記述できる。ただしとりたて詞各語の記述には、これ以外の二次的特徴が必要になることがあるが、それは第 2 部の各論で述べる。

(1) a　自者と他者
　　 b　主張と含み
　　 c　肯定と否定
　　 d　断定と想定

以下に、(1) のそれぞれについて見ていくことにする。

3.1.1　自者と他者

「自者」とは、とりたて詞がとりたてる文中の要素であり、「他者」はそれに端的に対比される「自者」以外の要素である。「自者」と「他者」はとりたて詞の意味の最も基本的な概念である。

(2) a　太郎も学校に来る。
　　 b　太郎が学校に来る。

c　太郎以外が学校に来る。

　(2a)と(2b)を比べると、(2a)はとりたて詞「も」があることで、(2b)の意味、つまり「太郎が学校に来る」ということと同時に、「太郎以外」にも「学校に来る」「他者」が存在するという、つまり(2c)の意味に解釈することができる[1]。「他者」の存在は暗示されるだけなので、文脈がなければ具体的にそれが誰なのかはわからない。が、とにかく「も」によって「他者」の存在は認められる。この場合の「太郎」が「も」のとりたてる「自者」であり、「太郎以外」が「他者」である。
　なお、「自者」と「他者」は同一の集合に属する同類のものでなければならないが、「自者」と「他者」の同類性については、本章3.2.2で述べる。
　また、文中のどのような要素が「自者」になるかについては、本章3.2.1で、「他者」が文脈にどのように現れるかについては本章3.3で述べる。

3.1.2　主張と含み
「主張」はとりたて詞が明示する意味であり、「含み」はとりたて詞が暗示する意味である。もう一度(2)の例で考える。

（2）a　太郎も学校に来る。
　　　b　太郎が学校に来る。
　　　c　太郎以外が学校に来る。

　(2a)では、まず「も」のない(2b)の意味が明示される。これを(2a)の明示的主張と呼ぶことにする。同時に「も」の存在は「自者」に対する「他者」の存在も暗示し、「太郎以外が学校に来る」という(2c)の意味が暗示される。これを(2a)の暗示的主張と呼ぶことにする。
　(2a)の明示的主張と暗示的主張は、とりたて詞「も」によってもたらされるものであるから、これを「も」の意味と考え、明示的主張と暗示的主張を簡単にして、前者を「主張」、後者を「含み」と呼ぶことにする。

3.1.3　肯定と否定

さらにもう一度 (2) の例に戻る。

（2）a　太郎<u>も</u>学校に来る。
　　　b　太郎が学校に来る。
　　　c　太郎以外が学校に来る。

　(2a) の「も」の主張は (2b) であり、含みは (2c) であった。主張では「自者」「太郎」について、「太郎が学校に来る」という文が表す事柄は真であるとして「肯定」される。これを「自者―肯定」と呼ぶ。一方含みでも、「他者」「太郎以外」について、「太郎以外が学校に来る」という文が表す事柄は真であるとして肯定される。これを「他者―肯定」と呼ぶ。
　「だけ」の例で考えてみる。

（3）a　太郎<u>だけ</u>が学校に来る。
　　　b　太郎が学校に来る。
　　　c　太郎以外が学校に来ない。

　(3a) の「だけ」の場合は、その主張は (3b)、含みは (3c) である。ただし「だけ」の場合は主張の「自者―肯定」までは「も」と同じだが、含みが異なる。含みは、「他者」「太郎以外」について、「太郎以外が学校に来る」という文が表す事柄は偽として「否定」される、つまり「他者―否定」である。
　またここでの肯定・否定は、「太郎が学校に来る」あるいは「太郎以外が学校に来る」などの文が表す事柄が真であるか偽であるかによって決まる。従って、述語が否定述語であるか否かとは関係がない。例えば、次の

（4）　太郎<u>も</u>学校に来なかった。

では、「自者」「太郎」は述語句「学校に来なかった」に対し、「太郎が学

校に来なかった」という否定文の表す事柄が真であるとして肯定される。つまり「自者―肯定」の主張である。そして含みは次の(5)であり、「他者」「太郎以外」についても「学校に来なかった」ことが真であるとして肯定される。つまり「他者―肯定」の含みである。

（5）　太郎以外も学校に来なかった。

　さて、ここまでの議論を元に「も」と「だけ」の意味を形式的に表すと、以下のようになる。

（6）　「も」
　　　　　主張：自者―肯定
　　　　　含み：他者―肯定
（7）　「だけ」
　　　　　主張：自者―肯定
　　　　　含み：他者―否定

　なお、主張における「自者―肯定」は、原則としてすべてのとりたて詞に通ずる。ただし、「しか」は違う。

（8）a　太郎しか学校へ行かなかった。
　　　b　太郎は学校へ行った。
　　　c　太郎以外が学校へ行かなかった。

　(8a)の主張は(8b)である。したがって「自者」「太郎」について「太郎が学校へ行かなかった」ということは偽であると否定されている。つまり「自者―否定」である。一方含みは(8c)で、「他者」について「太郎以外が学校へ行かなかった」ということは真であると肯定されている。つまり「他者―肯定」である。「しか」の意味を「も」「だけ」に倣って表すと次のようになる。

（9）「しか」
　　　　主張：自者―否定
　　　　含み：他者―肯定

「しか」については、第2部各論で改めて考察する。
「は」もとりたて詞の中では特殊なもので、上のような肯定・否定では「自者」・「他者」の関係をとらえられないものである。

(10)　新入生のうち、男子は静岡出身の田中君がまとめ役を引き受けた。

　上の例では、「は」は「男子」に対する「他者」「女子」の存在を示すだけである。この後に次の(11a)、(11b)のいずれの文が続いてもよい。

(11)　a　しかし、女子は誰もまとめ役を引き受ける者がいなかった。
　　　b　女子も同じ静岡出身の中村さんがまとめ役になった。

　(11a)は、「他者」「女子」について「他者―肯定」にあたる内容であり、(11b)は、「女子も」と「も」で示されるように、「他者―肯定」にあたる内容である。要するに、(10)の「は」文には「他者―肯定」の文も、「他者―否定」の文も続けるのである。そのためには、「は」の含みは「他者―肯定」であっても、「他者―否定」であってもならない。要するに「は」は、とりたてられる「自者」を何らかの「他者」と対比することを示すだけであって、それ以上のことを意味しないのである。「は」についても、第2部各論で詳述する。

3.1.4　断定と想定

先の主張及び含みにおける「自者」・「他者」に対する肯定・否定などは、ある事柄に対して、話し手がそれを真または偽として断定するもの―以下「断定」と呼ぶ―であった。しかし、とりたて詞の表す意味には、真偽を断定せ

ず、話し手や聞き手の「自者」・「他者」に対する「想定」を表すものがある[2]。

(12) a 太郎さえ学校に来る。
　　 b 太郎が学校に来る。

　(12a)の「さえ」の主張は(12b)である。また(12a)の意味は次のように考えられる。

(13)　太郎以外は勿論学校に来るが、太郎は学校に来ないと思った。ところがその太郎が学校に来た。

　(13)の下線部が含みになるわけだが、含みの想定では、「他者」「太郎以外」は「太郎以外が学校に来る」というのは真とされると同時に、「自者」「太郎」は「太郎は学校に来ない」、つまり「太郎が学校に来る」のは偽と否定される。つまり含みは「自者―否定」・「他者―肯定」である。ただし、これは「…と思った」内容であって話し手の断定ではない。そのため、含みの「自者―否定」は(13b)の「自者―肯定」を断定する「主張」とも矛盾しない。「他者―肯定」も同様に断定ではないため、次の(14)のように「他の者が…来なかった」と「他者―否定」を断定する後続の文とも矛盾なく共起できる。

(14)　昨日は(あの問題児の)太郎さえ学校に来たというのに、他の者が誰も学校に来なかった。

　ともあれ、以上のことから、「さえ」などの意味を記述するには、「想定」という特徴が必要になり、これに対するものとして「断定」という特徴が立てられるのである。

　以上がとりたて詞の意味を構成している基本的な特徴である。とりたて詞

個々の意味は、語によって個別に二次的な素性が加わるものがあるが、基本的にはこれらの特徴の組み合わせによって決まる。また、それらのとりたて詞全体は、互いにひとつの体系をなしているのである。最後にこれを使って「も」「だけ」「さえ」の意味を形式化して表示すると次のようになる。

(15) 「も」
　　　主張：断定・自者―肯定
　　　含み：断定・他者―肯定
(16) 「だけ」
　　　主張：断定・自者―肯定
　　　含み：断定・他者―否定
(17) 「さえ」
　　　主張：断定・自者―肯定
　　　含み：想定・自者―否定／他者―肯定

3.2 とりたて詞における自者と他者

3.2.1 自者の範囲

「自者」としてとりたて詞にとりたてられる文中の要素は、次のように名詞句や副詞句、述語、述語が連用成分をとった述語句等である。

(18) a 父親や母親は勿論、〈まだ幼い太郎〉自までが朝から晩まで働いた。（名詞句）
　　 b あの人はどんなにくつろいだ時でも〈ゲラゲラと〉自など笑わない。（副詞句）
　　 c 彼は歌を〈歌いはする〉自が、作りはしない。（述語）
　　 d ボーカルの子は〈歌を歌う〉自だけで、ギターは弾かない。（述語句）
　　 e 〈男子生徒が一人欠席した〉自だけで、他に変わったことはなかった。（述語句）

ただし、これには制限がある。
　一般に副詞はとりたてられにくく、特に「まあまあ」とか「わりあい」など、程度副詞はとりたてられないものの方が多い。

(19)　専務の話は〈わりあい〉自　*も／*だけ／*さえ　上手だ。

「けっして」「やっと」や「意外にも」「うまいことに」「辛くも」などの陳述副詞あるいは文副詞もとりたてられない。

(20)　〈やっと〉自　*も／*だけ／*さえ　憧れの人に会えた。

　数量詞が副詞の位置に現れた場合も、これらに後接してとりたてることができるのは「だけ」「しか」「(意外の)も$_2$」「は」「くらい（ぐらい）」等であり、その他は一般にとりたてられない[3]。

(21)　a　リンゴを〈3つ〉自　も$_2$／だけ／は／*まで　買った。
　　　b　リンゴを〈3つ〉自　しか／?さえ$_1$[4]／*など　買わなかった。
　　　c　リンゴを〈3つ〉自　くらい／*こそ　買うべきだった。
　　　d　リンゴを〈3つ〉自　*さえ$_2$　買えれば、あとは何とかなる。
　　　e　リンゴを〈3つ〉自　*でも　買おうか。

　また、述語に使役の「せる」、受身の「れる」やアスペクトを表す形式など、様々な派生形式が後接した場合は、使役、受身の形式、アスペクトを表す形式が後接したものが概ねとりたて詞にとりたてられる「自者」となり、それ以外のものについては、とりたて詞各語によって異なりがある。以下に使役・受身とアスペクト形式を含んだ述語が「自者」となる例をあげる。

(22)　新しいマシンにはまだ〈触ってしかい〉自ないけれども、見るからに乗り心地が良さそうだ。

(23) 転倒、脱輪はそれだけで不合格だけど、基本的に他は、〈走りきりさえすれ〉自ば、合格らしい。
(24) 禁煙は〈やり始める〉自だけでなく、やり続けることが大切だ。
(25) 夫婦などというものは、いつまでたってもお互いに〈泣かせもする〉自・他し、〈泣かされもする〉他・自ものだ[5]。
(26) いつも母に言いたいように〈言われる〉自ばかりで反論しない父のことが、たまらなく苛立たしかった。

　テンスをとりたてられるのは「だけ」「のみ」であって、他はとりたてられない[6]。2.1.3で述べたとおり、「だけ」と「のみ」はル形と対立するタ形に後接できる。次のようである。

(27) 確かに彼らはかつて純粋に愛し合った。が、過去において〈愛し合った〉自だけで、それは今を縛らない。今は互いに別の何かを見、別の道を歩いている。
(28) B社の開発チームは、新薬の効果を実験データで〈確認した〉自のみで、公開するに到っていない。

　「ばかり」もタ形には後接するが、次に見るとおり、ル形と対立するものではなく、直後を表すいわばアスペクト詞として働くもので、とりたて詞ではない。

(29) 僕もこの会社には就職したばかりで、右も左もわからないのです。

　さらに、終助詞などを含む奥津（1974）の文末詞にあたるもの、文頭の応答詞、主題などはとりたてられないし、それらを含む文全体もとりたてられない。いわゆる推量の「だろう」「まい」も「自者」となり得る要素からは除かれる。また、とりたて詞は名詞が格助詞を伴う連用成分に後接することはできるが、その際は名詞のみをとりたてるのであって、格助詞はとりたて

られない。

　さて、以上は単文の場合の焦点であった。複文の場合、条件を表すように解釈できる「～て」節、目的の「～ために」節や「～ように」節は焦点になる。次のようである。

(30) a 〈教師に注意されて〉_自しかおしゃべりをやめない。
　　 b 〈安全な食品を与えるために〉_自も万全の注意を払う。

　なお「こそ」が、理由を表す「～から」節や已然形「～ば」節をとりたてることがあるが、これは「こそ」に限られる。

(31) 〈彼がい たから／れば〉_自 こそ／*だけ／*も　今日まで私は生きてこられた。

　これ以外の従属節は、一般にとりたての焦点にはならない。

3.2.2　自者と他者の同類性

本章3.1.1で「自者」と「他者」は同類の要素であると述べた。これを「自者」と「他者」の「同類性」とすると、「自者」、「他者」の間には常に、1) 構文論的同類性、2) 語彙論的同類性、3) 文脈依存的同類性のいずれかが保たれており、このいずれの同類性も持たないものを「自者」、「他者」としてとらえることはできない。以下、「自者」・「他者」が名詞句の場合、副詞句の場合、文の場合に分け、両者の同類性について見てみよう。

3.2.2.1　名詞句

まず「自者」、「他者」が名詞句の場合について考えよう。

(32) 〈太郎〉_他が来て、〈次郎〉_自も来る。

(32)では、「太郎」が「他者」であり、「次郎」が「自者」である。そして両者は共通の述語「来る」に対し、主語であり動作主であって、文法格も意味格も同じである。

(33)　〈彼女〉_自だけに花を贈り、〈他の女性〉_他には花を贈らない。

　(33)でも、「自者」「彼女」と「他者」「他の女性」は、共通の述語句「花を贈る」に対し、いずれも二格目的語であり、意味格は相手である。

(34)　〈友達〉_他にできないことを、〈僕〉_自だけができる。

　(34)の「自者」「僕」と「他者」「友達」は、ガ格と二格の違いはあるが、どちらも述語「できる」に対し、主語であり、意味格としては経験者である。
　(32)〜(34)では、「自者」、「他者」とも共通の述語句に対し文法格も意味格も等しいという同類性があった。
　しかし、「自者」と「他者」は必ずしも文法格、意味格の両者とも等しくなくてもよい。

(35)　〈春〉_他が来る頃には、〈彼ら〉_自も来る。

　(35)の「自者」「彼ら」と「他者」「春」は、どちらも「来る」に対する主語だが、意味格では「自者」「彼ら」が動作主であるのに対し、「他者」「春」は対象である。
　ただし、文法格も意味格も異なる名詞句同士の間には「自者」と「他者」の関係は成り立たない。(36)は非文である。

(36)　*〈太郎〉_他が来て、〈京都〉_自にも来た。

　そこで「自者」と「他者」の間には、共通の述語句に対し、原則的に意味

格はともかく文法格は等しいという同類性があると考えられる。
　ところで、(32)〜(35)は「自者」と「他者」に対する主張と含みがどちらも明示された場合だが、実際には含みが明示されない場合も多い。

(37)　〈太郎〉_他の後から〈次郎〉_自も来た。

　(37)では「次郎が来た」という主張が明示されるだけで、「太郎が来た」という含みは明示されない。ただ「他者」「太郎」が「太郎の後から」の中に現れているだけである。次の例も同様である。

(38)　戦争には〈大人〉_他はもちろん、〈まだ幼い少年〉_自さえかり出されている。

　また次は一見、「自者」と「他者」の共起する述語句が違うように見える例だが、これも含みが暗示されているだけで、(31)(32)と同様に考えられるものである。

(39)　〈宿泊代〉_他は借りたままで、〈タクシー代〉_自だけすぐに返した。

　(39)の「自者」「タクシー代」に対する「他者」「宿泊代」が共起する「借りたままだ」は、「自者」が共起する述語句「すぐに返した」とは異なる。しかし「宿泊代は借りたままで」は、「他者」を提示する役目は果たしているが、含みそのものを示しているのではない。この場合の含みは「宿泊代はすぐに返さなかった」と考えるべきである。「借りたまま」は、「返さなかった」ということを間接的に意味し、含みの述語句と矛盾するものではない。とすれば、(39)も「自者」と「他者」は肯定と否定の違いはあるが、共通する述語句と共起していることになる。以下の例も同様である。

(40)　〈テーリー〉_自だけが紳士で、〈ジョン〉_他は不良だ。

(41) 〈他人〉他をだまし、〈自分自身〉自にも嘘をついた。

　以上のようにして、「自者」と「他者」の同類性は、主張における述語句を「他者」も含みにおいて共有し、その述語句に対してどちらも同じ文法格に立つことである。これを**構文論的同類性**という。
　ところがこれには例外がある。「自者」と「他者」の述語句が異なり、互いに類義的な関係にあるだけの場合もあるのである。この場合は、述語句が異なることから、共起する文法格、意味格が異なることもあり得、先のような「自者」と「他者」の構文論的同類性は破られる。以下ではこの例外について考えてみたい。
　これには二つの場合がある。その一つは、それぞれの語句が互いに語彙論的な類義関係にあるものであり、もう一つはそれよりももっと広い意味での類義性、すなわち文脈や社会通念等に依存した類義関係にあるものである。
　まず、前者について考えてみよう。

(42) 今や、個人の頭の中には、〈自分〉自だけがいるわけではなく、〈群衆〉他の思想がある。

　(42)では、「自者」「自分」と「他者」「群衆の思想」が対比されている。しかし暗示された含みは「群衆の思想がある」であって、主張と含みの述語句は「いる」と「ある」で異なる。にもかかわらず(42)の「自分」と「群衆の思想」が同類性を保つのは、それぞれの述語「いる」と「ある」が「存在」を表す類義語だからである。二つの述語は別語であるが、意味上は共通性を保っているのである。このような同類性を**語彙論的同類性**と呼ぶ。以下の例も同様である。

(43) 〈料理〉他は食べなくても、〈ワイン〉自くらい飲んで来よう。

　次に「自者」と「他者」が共起する述語が文脈や社会通念に依存した類義

関係にある場合について考えよう。

(44) 〈夫〉他に退院許可が出た上に、〈娘〉自も入試に受かったので、お祝いをした。

　(44)では「娘」と「夫」が「自者」と「他者」として対比されると考えられる。ここでも主張と含みの述語句は異なる。主張「娘が入試に受かった」に対し、含みの述語句は「退院許可が出た」である。ここにはもはや先に見た語彙論的同類性も成立しない。しかし、二つの述語「入試に受かった」と「退院許可が出た」は、後続文脈「お祝いをした」により、いずれも祝うべきこととしてとらえられており、その意味である種の類義性が保たれている。従って「自者」「娘」と「他者」「夫」の同類性も保たれる。こうした同類性を**文脈依存的同類性**と呼ぶ。以下の例も同様である。

(45) パリのホテルは〈内装〉他がモダンで洒落ていて、〈水回り〉自まで洗練されていた。
(46) 〈顧客〉他が定着し、〈販路〉自も拡大すれば、当然のことながら事業は安定して発展する。

　上の例も「自者」、「他者」と共起する述語句の間に類義性が存在する。しかしもし文脈等からこうした類義性が示されなければ、次のように非文となる。

(47) *〈太郎〉他が合格し、〈花子〉自も上京した。

　ただし、この類義性がどのようなもので、どのようにして生まれるかは、文脈や社会通念の問題でここでは扱えない。
　なお、語彙論的同類性、文脈依存的同類性で「自者」、「他者」の同類性が保たれる場合は、後述するとりたて詞が後方移動焦点をとる場合と考えられ

なくもない。この点については、4.1.2.2 後方移動焦点で述べる。

3.2.2.2 副詞句
次に副詞句の場合について見てみよう。

(48) 花子は〈早口でいっきに〉他話した後で、少し間をおいてもう一度、〈丁寧にゆっくりと〉自も話した。

(48)は、副詞句が「自者」、「他者」の場合だが、名詞句同様、述語「話す」が共通し、この場合は述語に対して様態を表すという副詞句の意味が同じである。ただし、副詞の意味は程度、数量、様態の間で連続的で区別しにくい場合もある。このため、名詞句よりは制限が緩やかで厳密にはこれらの意味の違いがあっても、次のように「自者」、「他者」ととらえられる場合もある。

(49) 酒といっても、〈ほんの少し〉自だけ飲むのであって、〈浴びるように〉他飲むわけではない。

しかし、次のように副詞句である「自者」に対して、目的語などの名詞句を「他者」ととらえることはできない。

(50) *花子は〈事情を〉他話した後で、少し間をおいてもう一度〈丁寧にゆっくりと〉自も話した。

ただし、副詞句の場合も述語句の共通性をめぐって、名詞句と同様な例外が考えられる。しかし、この例外については、先に名詞句の場合で詳しく述べたので、ここでは例をあげるだけにする。

(51) お腹がいっぱいで、〈たくさん〉他は食べられないが、せっかくの料理でもあるから、〈ちょっと〉自だけつまんでみた。

(52) 〈無理に〉_自も女性を優遇してというのではなく、〈能力に応じて〉_他男の人と同様の仕事を与えて欲しいのです。

3.2.2.3 述語句
次に「自者」、「他者」が述語句の場合について考える。

(53) 花子が太郎に絵を〈見せた〉_自だけでなく、〈貸してやった〉_他。

上例の「自者」「見せた」に対する「他者」は「貸してやった」である。「貸してやった」のとる格成分は省略されているが、「見せた」と「貸してやった」の両者がとる格成分「花子が」「太郎に」「絵を」の三つの格成分は共通している。

(54) 花子が太郎に〈絵を見せた〉_自だけでなく、〈ピアノを弾いてやった〉_他。

上の「自者」「絵を見せた」と「他者」「ピアノを弾いてやった」は、共通する「花子が」「太郎に」の二つの格成分と共起している。

(55) 花子が〈太郎に絵を見せた〉_自だけでなく、〈次郎と絵について語り合った〉_他。

上でも同様に、「自者」「太郎に絵を見せた」と「他者」「次郎と絵について語り合った」が、共通して同じ「花子が」を主語としている。
これに対し次のような場合、共起する格成分が共通しない「見せた」と「会った」を「自者」、「他者」としてとらえた解釈をすることはできない。

(56) *花子が太郎に絵を〈見せた〉_自だけでなく、次郎と図書館で〈会った〉_他。

上に見るように、「自者」、「他者」が述語句の場合、両者はすべて共通す

る格成分等の連用成分と共起することで、構文的な同類性が保たれている。また、互いに共通する連用成分と共起することから、意味的にも何らかの共通性を持つことになる。例えば、先の(54)では「花子」の「太郎」に対する何らかの行為、あるいは(55)では「花子」の何らかの行為という意味上の共通性が見いだせる。

　一方、「自者」が完全な文であり、「他者」と共有する連用成分を持たない場合はどうであろうか。

(57) 〈雷が鳴り出した〉_自だけでなく、〈豪雨が襲って来た〉_他。

　上は一つの文全体が「自者」、「他者」となっているが、この場合は両者が述語句や連用成分を共有することはない。そこで、構文論的同類性は当然成立しない。しかし、この場合も「自者」と「他者」の間の意味的な同類性は必要である。(57)では「自者」「雷が鳴り出した」と「他者」「豪雨が襲って来た」は、いずれも悪天候という点で同類である。ただし、この同類性は前後の文脈や場面、常識などの広い意味での文脈から理解される文脈依存的同類性である。

(58) 〈太郎が学校を休んだ〉_自だけでなく、〈三宅島が噴火した〉_他。

　このままでは「自者」、「他者」の間に同類性が見いだせないため、一見不自然な文に見える(58)も、次のような文脈を補うと不自然さが解消される。

(59) 　昨日は珍しいことが多かった。〈病気などしたことのない太郎が学校を休んだ〉_自だけでなく、〈三宅島が噴火した〉_他。

　以下の例も同様である。

(60) 〈野党の反対が強い〉_他上に、〈与党内部の足並みが乱れもした〉_自の

で、法案は通らなかった。

3.3 他者と文脈

「自者」がその文中に明示されることは、いうまでもない。「他者」は、その文の中では存在が暗示されるにとどまる。しかし実際には、

　Ⅰ．言語的文脈中に明示されたり、
　Ⅱ．言語的文脈中の関連語から推定されたり、
　Ⅲ．非言語的文脈から推定されたりする。

では、上のそれぞれの場合について、具体的な例を通して考えてみよう。

　Ⅰ．言語的文脈に明示される場合には、下の例があげられる。

(61) つぎに〈選手の脚力の強弱〉他を知っておくこと、〈特徴〉自も知らねばならない。

(62) 〈五反なら五反の百姓〉他を捨てなければならぬ。〈家〉自も捨てなければならぬ。

(63) 〈団長〉他の梅蘭芳さんは今年62歳、〈中国京劇院院長〉自も務めている名女形だ。

上ではいずれも「自者」に対する「他者」が文脈中に明示されている。また、これらの例に見られるように、「他者」は「自者」より前に現れる場合が多い。しかし、次のように「他者」が「自者」の後に現れる場合もある。

(64) 〈和裁〉自も〈洋裁〉他と同様、採寸が必要か。

(65) 〈モモ〉自も〈ミカン〉他なみの、小型5号カンを作って……

次にⅡ．言語的文脈中の関連語から推定される場合の例をあげる。

(66) 3人の相談はかなり長くかかるようだった。そしてそれが一段落つく

と、〈鑑定家〉自だけが、先に帰って行った。

　上の例では、「他者」が明示されない。しかし、点線部「3人」から、それぞれ「他者」を推定できる。つまり「3人」は「自者」、「他者」を含む全体として示され、その中から「自者」「鑑定家」を除いた残り2人が「他者」ということになる。

(67)　顔中を包帯で巻き、〈薄い唇と例の鋭い眼〉自だけが覗いていた。

　では、「顔中」という語から、「薄い唇と例の鋭い眼」という「自者」に対し、「他者」がその他の鼻や額や頬であることがわかる。
　Ⅲ．非言語的文脈から「他者」が推定される場合は、次の例のようなものである。

(68)　はじめはダルマの〈片目〉自だけつけて選挙事務所を立ち上げる。

　上の例では、先のⅡの場合と異なり、「自者」と「他者」に関連するような語は文脈中に現れないが、「自者」と「他者」は言語的な文脈でなく、常識、社会通念などの非言語的な文脈により裏付けられている。つまり「ダルマ」には両目をつけるのが常識であり、選挙ような場合は、願いが成就して当選した暁にもう一方の目を入れるという習慣があることが、非言語的文脈として存在する。そのことで、この場合はもう片方の目が「他者」となると推定できるのである。次の例も同様である。

(69)　〈身障者〉自も参加したマラソンは……
(70)　ビクターが〈流行歌〉自だけをトップ盤と名づけて、特に力を入れるようになってから……

　上の例でも(69)では、「マラソン」には普通、健常者が多く参加するもの

であるという社会通念が、「他者」を推定する手がかりになる。また、(70)では、「ビクター」がレコード会社であり、レコードには童謡やクラシック音楽など、種々の音楽も吹き込まれること等が非言語的な文脈として存在する。そこから「流行歌」に対し、その他の音楽が「他者」であることが推定できる。

3.4 とりたて詞の機能

前章におけるとりたて詞の統語論的特徴の考察で見たとおり、とりたて詞は、文の基本的な構成には直接関与しない任意の要素であった。では、とりたて詞は文中でどのような機能を果たしているのだろうか。

　本章のこれまでの考察を通し、とりたて詞の機能を次のように考える。

(71)　とりたて詞は、文中の種々の要素を「自者」とし、「自者」と範列的に対立する他の要素を「他者」とする。そして、「自者」について明示される文である「主張」と、「他者」について暗示される文である「含み」を同時に示し、両者の論理的関係を表す。その論理的関係は、「断定」と「想定」、「肯定」と「否定」のような対立する概念で表される。

　要するにとりたて詞は、「主張」として明示された述語句に対し、「含み」として暗示されるこれと範列的に対立する述語句を、「断定」と「想定」、「肯定」と「否定」のような対立する概念の組み合わせで表されるという程度の意味での論理的関係で、結びつける役割を果たすのである。
　益岡(1991: 174)は、沼田(1986a : 108)のとりたて詞の定義における「自者」と「他者」の対象を基本的にはいずれも命題として考え、「とりたて」は命題間の範列的関係を表すとする。「命題」の厳密な議論はここでは留保するが、本書もこの点に関しては、益岡(1991)の考え方に基本的に従うものである。

ただし、ここで改めて益岡 (1991) との用語の整理をしておくと、おおよそ次のようになる。益岡 (1991) が、沼田 (1986a) に基づき「自者」、「他者」の対象とし、範列的関係を表される命題としたものが、本書での「主張」と「含み」にあたる。また、益岡 (1991: 178) は取り立て助詞[7]を付加して明示される命題中の要素を「取り立ての焦点」としたが、本書では「自者」が「とりたての焦点[8]」である。

ところで、寺村 (1981: 66) は、取り立て助詞の付加の機能を文中の要素を際立たせることにあるとした。これを受けて益岡 (1991: 176–183) では「際立たせる」とは何かさらに詳細に考察し、取り立て助詞の付加は、取り立ての焦点である、同型命題の異要素の表示と、異形命題の意味的な主要素を表示するとした。本書では、とりたて詞の付加は文中の要素を際立たせることが第一義的な機能ではないと考えるが、とりたて詞の文中での分布が何を表すかについては、次章で詳しく述べる。

3.5 まとめ

本章では、とりたて詞の意味と機能について考察し、次のことを述べた。
1 とりたて詞の意味は、原則として「自者」と「他者」、「主張」と「含み」、「肯定」と「否定」、「断定」と「想定」の 4 組 8 個の基本的特徴とその組み合わせで体系的に記述できる。
2 とりたて詞が文中でとりたてられる「自者」の範囲は、名詞句や副詞句、述語、述語が連用成分をとった述語句、文全体であるが、基本的にテンス、文末詞等はとりたてられない。また、副詞句のとりたてや従属節のとりたてにも制限がある。
3 とりたて詞による「自者」、「他者」の間には常に、1) 構文論的同類性、2) 語彙論的同類性、3) 文脈依存的同類性のいずれかが保たれており、このいずれの同類性も持たないものを「自者」、「他者」としてとらえることはできない。
4 「自者」に対して「他者」は、当該のとりたて詞文の中では存在が暗示さ

れるにとどまるが、実際には、言語的文脈中に明示される、言語的文脈中の関連語から推定される、非言語的文脈から推定される等によって、具体的に特定、理解される。

5　とりたて詞の機能は、「主張」として明示された述語句に対し、「含み」として暗示され、これと範列的に対立する述語句を、「断定」と「想定」、「肯定」と「否定」のような対立する概念の組み合わせで表されるという程度の意味での論理的関係で、結びつけることである。

注
1　(2a)の意味は、(2b)と(2c)を併せたものだけでなく、他の解釈もあり得るが、これについては、第1部第4章「とりたての焦点と作用域」で詳しく述べる。
2　「想定」は、沼田(1984、1986a)で「期待」、沼田(1988)で「予想」としたものである。
3　(21a, b, c)の「まで」「など」「こそ」等も許容する人がいるようだが、その場合は、「リンゴ」がヲ格名詞句のまま、いわば主題に近い解釈をされているようである。こうした現象についても考えてみる必要があるが、ここではひとまず分けて考え、これらの語が「だけ」等と同様に副詞句に位置する数量詞をとりたてられるとは考えない。
4　沼田(2000: 164)では、「意外」の「さえ1」はこうした場合の数量表現をとりたてられないとしたが、否定文の場合、多少許容度があがるかもしれない。
5　この例は端的には使役、受身の「せる」「れる」だけを「自者」とするとも言える例である。ただし、こうした例は可能性としてはあるが、実際の用例に普通に見られるものではない。
6　沼田(1986a: 129)では、「も」がテンスをとりたてる場合があると述べたが、これは修正しなければならない。第1部第4章で述べるが、「自者」としてとりたてられる要素は、とりたて詞が後接できる。その点でテンスを表すル・タに後接できない「も」がテンスを含んだ要素、あるいは時制詞をとりたてるとは考えられない。
7　益岡(1991)では、とりたて詞を「取り立て助詞」とする。
8　「とりたての焦点」に関しては次章で詳しく述べる。

第4章　とりたての焦点と作用域

4.1　とりたての焦点

4.1.1　とりたての焦点の範囲

とりたて詞によるとりたてには、その焦点 (focus) と作用域 (scope) がある。とりたての焦点[1]は、とりたての作用域内にある要素で、文脈から、他との範列的な対立関係を端的に表す要素である。つまり、ここでこれまでとりたて詞がとりたてる「自者」として見てきた構成素の範囲であって、最大規模の焦点は作用域と一致する。

「自者」となり得るもの、すなわちとりたての焦点になり得る文中の要素は、前章で見たが、もう一度、次に改めて見ておきたい。焦点になり得る要素は、いわゆる命題構成に関わる要素[2]であり、この範囲内であれば、文中の名詞句や副詞句、述語等のみであるばかりでなく、述語が連用成分をとった述語句も、とりたての焦点となることがある。

(1) a 残業問題の他に、〈長期休暇の問題〉自も考えなくてはならない。（名詞句）
　　b 兄は気が弱くて、ここぞと言う時にも、〈蚊が鳴くように〉自しか話せない。（副詞句）
　　c 友達を誘って遊ぶが、〈いじめたり〉自などしない。（述語）
　　d レース当日、〈天気が悪い〉自だけで、車の調子は絶好調だ。（述語句）

ただし、一般に副詞類は焦点になりにくく、特に程度副詞等は焦点にならないものの方が多い。というのも、例えば「まあまあ」や「わりあい」のような語は、「まあまあ」等に対する「他者」が考えにくい。そのためこれらは

（２）〈話が<u>わりあい</u>うまく運んだの〉_自<u>も</u>、そのために〈結構な実入りがあったの〉_他<u>も</u>、専務に口をきいてもらったからだった。

のように、連体文を伴う名詞句や述語句をその範囲とする場合の、焦点の一部にはなれても、次のように、それ自体が焦点にはなれないか、なりにくい。

（３）　今のところ、容態は〈わりあい〉_自　<u>*も／*だけ／*さえ</u>　落ち着いている。

　数量詞が副詞の位置に現れた場合も、これらに後接してとりたてることができるのは、「だけ」「しか」「（意外の）も₂」「は」「くらい（ぐらい）」等であり、他は一般にとりたてられない。

（４）a　義理チョコを〈３つ〉_自　<u>も₂／だけ／は／*まで／ばかり³</u>　用意した。
　　　b　義理チョコを〈３つ〉_自　<u>しか／？さえ₁⁴／*など／*だって</u>　用意しなかった。
　　　c　義理チョコを〈３つ〉_自　<u>くらい／*こそ</u>　用意するべきだった。
　　　d　義理チョコを〈３つ〉_自　<u>*さえ₂</u>　用意すれば、あとは何とかなる。
　　　e　義理チョコを〈３つ〉_自　<u>*でも</u>　用意しようか。

　また、終助詞等を含む、奥津（1974）の文末詞にあたるもの、文頭の応答詞、「けっして」「やっと」や「意外にも」「うまいことに」「辛くも」等の、陳述副詞あるいは文副詞、主題等も焦点になれない。述語にいわゆる推量の「だろう」「まい」等の助動詞が後接したものもとりたての焦点からは除かれる。

一方、使役や受け身等の「せる」「れる」等が後接した場合はとりたての焦点になり得る。また、否定の「ない」、アスペクトを表す形式、願望の「たい」、当為判断の「べきだ」、推量の「らしい」「ようだ」「はずだ」等が後接した場合もとりたて詞によっては、とりたての焦点になり得る。具体的に見てみよう。

（５）　お互いによけいな気を〈遣いもする〉自・他し、〈遣われもする〉他・自。

　(5)では、「も」が形態論上の制限から述語にそのままの形で後接し、「*遣うも」「*遣われるも」とはなっていないが、いずれも「遣う」「遣われる」の後にあって、最も端的には能動と受動の対立を対比的にとらえていると考えられる。これは、「だけ」についても同様である。

（６）　和子は、気が優しくて、学校に通っていた頃から、いつも自分が〈いじめられる〉自だけで、〈いじめる〉他ことや、もちろん〈いじめさせる〉他などということはなかった。

　(6)では、とりたて詞「だけ」が「いじめられる」に後接し、「いじめる」、「いじめさせる」に対して、受身の「れる」の部分が問題になっている。そこで、より端的な対立部分だけを見れば、「れる」「せる」等が「も」や「だけ」のとりたての焦点になる要素と考えられなくもない[5]。

（７）　恐いもの見たさっていうやつで、グロテスクな場面は、〈見たくなくもあり〉自・他、また反面、〈見たくもある〉他・自。
（８）　絵は見る人の心の持ち方一つで、〈美しく〉自・他も見えるし、〈美しくなく〉他・自も見える。

　(7)(8)は、二つの「も」が対比する肯定述語と否定述語をとりたてる例である。上の例から、否定の「ない」も「も」の焦点要素に入ると考える。

ここでも、最も端的には否定の「ない」がとりたての焦点といえなくもない。

(9) お金は、ただ〈遣わない〉自だけではふえるものではない。〈遣って〉他ふやす算段ができるかどうかだ。
(10) お義母さんとの同居は、いつも〈気を遣う〉自ばかりで、〈遣わない〉他時がない。

　上の例のように、「だけ」、「ばかり」でも、対比する肯定述語と否定述語のいずれかをとりたてることができる。ただし、「だけ」や「ばかり」、その他のとりたて詞には、語によって否定述語のとりたてに制限がある。とりたて詞一般に関しては、各語の考察をさらに行う必要がある。また「だけ」や「ばかり」によらず、一般的に言って、「肯定」と「否定」の部分だけを対比させ、端的にとりたてるというのは、それほど普通に起こることではない。しかし、ことが起こりやすいか、起こりにくいかということと、その要素が、とりたての焦点に入り得るか否かということは、分けて考えたい。
　下の例では、各々の「も」について見ると、「やりたくない」と「やれない」とが対立し、端的に対立する部分を強いて言うならば、「願望」の「たい」と可能の「れる」ということになる。そこで、これらも「も」の焦点に入ると考える。

(11) いくら言われても、新製品採用の審査に手心を加えるなどということは、〈やりたく〉自・他もないし、また状況からいって、〈やれもし〉他・自ない。

　また次では、「だけ」の「自者」「傷ついた」と「他者」「傷つく」のテンスが対立している。

(12) もしこの紛争を放置すれば、過去に多くの人が〈傷ついた〉自だけで

なく、これから先も〈傷つく〉他ことになる。
(13) 言っておくが、彼女はあいつを〈憎んでいた〉自だけではない。今、現在も激しく〈憎んでいる〉他。

　上の例では、「他者」「傷つく」に対し、「だけ」がタ形の述語に後接し、「傷ついた」をとりたてていると考えられる。
　本章で後に述べるが、とりたての焦点であれば、基本的にとりたて詞が後接できる。逆に言えば、とりたて詞が後接できなければとりたての焦点とは考えられない。第2章でも見たように、「だけ」「のみ」はタ形の述語に後接できる。従って、これら2語はテンスを焦点要素に含みうると考える[6]。

(14) 彼には、もう〈会えないかもしれない〉自だけで、〈会えないと決まった〉他わけではない。
(15) 彼は、見たところよく〈勉強しているらしくもある〉自・他し、実際によく〈勉強してもいる〉他・自学生だ。
(16) 山田さんは、あの時確かに傍で見ていて、〈病気のようでもあった〉自が、後で聞いたら、本当に〈病気だった〉他のだ。
(17) 明日こそは船が着くはずだというが、〈着くはずな〉自だけで、確かではない。絶対間違いなく船が〈着く〉他のか。
(18) 実際、彼はそんな所へ〈行か〉他ないし、また、冷静に考えてみれば、大事なこの時に、彼がそんな所へ〈行くはず〉自もないでしょう。

　上の例では、それぞれ「だけ」や「も」によって、端的に対立してとらえられるのは、「かもしれない」「らしい」「ようだ」「はずだ」等と確定判断を表す形式である。そこで、これらもとりたての焦点になると考える。
　また、今までのように見ると、

(19) 彼は内閣を〈解散すべきでもあった〉自し、〈解散できた〉他人だった。

では、「べきだ」が、「も」の焦点になっていると考えられる。

　ただし、(15)〜(18)の例には、不自然さを感じる人もいる。さらに、(15)(17)の例では、もしこの文が言えたとしても、「かもしれない」や「はずだ」の後に「という」等を補った文を想定しながら言っている可能性もあるようだ。また、

(20)　タイムリミットを設定すべきなのはわかっているが、〈設定すべきな〉_自 だけで、実際に〈設定したり〉_他、〈できたりする〉_他 状況でもない。
(21)　もう〈あきらめた方がいい〉_自 だけで、まだ〈あきらめなきゃならん〉_他 というものでもないでしょう。ぎりぎりまで説得を続けます。

等の例も、自然さの判断の揺れるところである。
　もともと、テンス形式の後に分布する語は、「だろう」等まで含めて、連体文や原因・理由の副詞句「〜ので」等に入るか否か等を初めとして、諸々の現象でその判定に揺れが見られるところである。とりたて詞文に関する文の許容度の揺れも、こうした現象の一つと考えられる。そこで、内省によっては、「らしい」等から「べきだ」に到る、これら全部、あるいはその中のあるものまでは、とりたての焦点になるとは考えられない、という人もあるかも知れない。
　以上、述語の後に分布する「べきだ」等の要素を見た。内省の揺れは見られるものの、これらはとりたての焦点になると考える。従って、とりたて詞の作用域もこれらの要素までは含み得ることになる。
　上は単文の場合の焦点であったが、次に、複文の場合の焦点を考える。前章3.2.1で述べたとおり、複文の場合、条件を表すように解釈できる「〜て」節、目的の「〜ために」節や「〜ように」節は焦点になる。次がその例である。

(22)　〈安全面が確認できて〉_自 しか認可はおりない。
(23)　〈子供を他人に預けて〉_自 まで働きに出たいとは思わない。

(24) せめて、〈息子を大学に進学させるために〉_f_ くらい父親らしい援助をさせてくれ。

　また、「こそ」が、理由を表す「～から」節や已然形「～ば」節をとりたてることがあるが、これは「こそ」に限られ、これ以外の従属節は、一般にとりたての焦点にはならない。

　なお、後述するようにとりたて詞の作用域は節境界を越えない。従って、とりたての焦点にも次の制限がある。この点について詳しくは4.2で後述する。

(25) とりたて詞は、それを含む最小節中の要素でない要素を、節境界を越えて焦点とすることはできない。

4.1.2　とりたての焦点ととりたて詞の分布
4.1.2.1　直前焦点
とりたての焦点にはとりたて詞の分布との関係から、次の三種類がある。また、基本的にとりたて詞は全てこの三種類の焦点を考えることができる。

(26) a　直前焦点 (Normal Focus)
　　　b　後方移動焦点 (Backward Focus)
　　　c　前方移動焦点 (Forward Focus)

　第一の直前焦点とは、とりたて詞の直前、あるいは格助詞を介して直前—以下どちらも「直前」とする—の要素が焦点となるもので、これまで見てきた例文は、すべて直前焦点の例であった。

(27) 〈学校〉_f_ だけに／にだけ／にも行く。

　(27)の「だけ」や「も」がとりたてる「自者」は「学校」と考えること

ができる。この場合厳密に言えば、「にだけ」や「にも」は格助詞を越えてその前の名詞を焦点とすることになるが、これも直前焦点に含めて考える。

　直前焦点の場合、とりたて詞が後接した要素が焦点であり、次のような焦点の可能性はない。

(28)　*〈次郎〉他が〈知子〉他と仲良くするし、〈太郎〉自が〈花子〉自とも仲良くする。

これをとりたて詞の分布と焦点の関係で言い直すと、次のようになる。

(29)　直前焦点の場合、とりたて詞の分布は原則として焦点を表示する。

また、先の4.1.1の考察も踏まえ、直前焦点を形式化すると次のようになる。

(30)　a　[……〈NP／AdvP〉T……Pred]（名詞句、副詞句のとりたて）
　　　b　[〈NP_n／AdvP_n〈NP_i／AdvP_i〈NP_1／AdvP_1　Pred〉_1〉_i〉_n T]
　　　　　　　　　　　　　　　　　　　　　　　　　　（述語句のとりたて）

　　　　T: とりたて詞、i: n ≧ i ≧ 0

ところで、これまで焦点はとりたて詞がとりたてる「自者」だと言ってきた。「自者」と「他者」は同じ述語句を共有しており、これまでの例では基本的に述語句が文中に明示される場合を見てきたが、述語句が必ずしも文中に明示されない場合もある。

(31)　実際は、女房の専務が〈経理〉他を押さえ、〈人事権〉自も握っている。

　(31)の「も」の「自者」を直前の「人事権」と考え、「他者」を「経理」と考えると、両者は同じ述語句を共有しないことになる。しかし、この場合

「押さえる」と「握っている」は同義で、どちらも「独占する」と置き換えることができる。その時は「人事権」が「も」の焦点となる。これは、他の格の名詞句についても、副詞句についても同様である。

さらに次のような場合もある。

(32) 〈娘〉_自も いい人と結婚するし、〈息子〉_他 まで大会社に就職を決めた。
(33) 〈図工の宿題〉_他 はお兄ちゃんが作ってくれるし、〈絵日記の天気〉_自も お姉ちゃんが調べてくれちゃった。

上の例で、対立関係にあるのは、「娘がいい人と結婚するコト」と「息子が大会社に就職が決まったコト」、「図工の宿題をお兄ちゃんが作ってくれるコト」と「絵日記の天気をお姉ちゃんが調べてくれたコト」である。そこで、単純な直前焦点であれば、

(34) 〈娘がいい人と結婚し〉_自も するし、〈息子が大会社に就職を決めました〉_他。

となるところである。

しかし、(32)の例は、「娘」に対する「いい人と結婚する」という事柄の持つ意味と、「息子」に対する「大会社に就職を決める」という事柄の持つ意味が、我々の一般常識から「祝うべきこと」であるという、広い意味での同類性、すなわち第3章3.2.2.1で見た文脈依存的同類性を満たしていると考えられる。そこで共通の述語句「祝うべき方向に進んだ」等を想定することができ、そうすれば、(32)は次のように解釈し直すことができる。

(35) 〈娘〉_自も 祝うべき方向に進み、〈息子〉_他 まで祝うべき方向に進んだ。

こうして、(35)での「自者」・「他者」は、「娘」と「息子」ということになる。(32)は(35)のような解釈を介して、「も」の直前の名詞句が焦点とと

らえられるのである。

　ただし、ここで見る(31)(32)(33)の例は、次に見る後方移動焦点としても解釈できる。これについては後述する。

4.1.2.2　後方移動焦点

第二の後方移動焦点とは、文中の名詞句等に後接するとりたて詞が、その名詞句から述語までの範囲、つまり述語句を焦点とするものをいう。この場合、文の意味は文中のとりたて詞を焦点の末端である述語の後に移動させた文と同義になる。次のようである。

(36)　a　〈茶ばかり飲んで〉自、〈仕事をし〉他ない。
　　　b　＝〈茶を飲む〉ばかり自で〈仕事をし〉他ない。
(37)　a　体内に寄生虫がたった一匹発生しただけでも、人間は〈大いに苦しみ〉他かつ〈やせ衰え〉他、時には〈命さえとられる〉自。
　　　b　＝体内に寄生虫が一匹発生しただけでも、人間は〈大いに苦しみ〉他かつ〈やせ衰え〉他、時には〈命をとられ〉自さえする。

　同時に、後方移動焦点は、焦点が最大の範囲になり、本章4.2.1で後述するが、とりたての作用域と一致する。

　後方移動焦点の例には次のように慣用性の高い表現や機能動詞等、とりたて詞が後接する名詞句と述語の結びつきが強いものが多い。

(38)　源助は〈腕も立つ〉自が、何より〈気っぷがいい〉他。

　益岡(1991: 181–183)が指摘するように、こうした場合は意味的な主要素と考えられる名詞句にとりたて詞が後接すると、その名詞句との結びつきの強さにより、述語までを含めた全体を「他者」と対立させるのと同じ効果が生まれると考えられる。

　また、とりたて詞の中には「も」や「さえ」、「しか」等のように、形態論

的に述語に後接し難いものがある。このことも後方移動焦点の存在を支えていると思われる。

　益岡 (1991) では、命題の内部要素へのとりたて詞の付加は、焦点の表示機能を持つとする。先の (32) も (35) と同義に解釈できたし、(31) (33) の例も次の (39) (40) と同義に解釈できる。

(31)　実際は、女房の専務が〈経理〉_他を押さえ、〈人事権〉_自も握っている。（再掲）

(33)　〈図工の宿題〉_他はお兄ちゃんが作ってくれるし、〈絵日記の天気〉_自もお姉ちゃんが調べてくれちゃった。（再掲）

(39)　実際は、女房の専務が〈経理を押さえ〉_他、〈人事権を握ってもする〉_自。

(40)　〈図工の宿題はお兄ちゃんが作ってくれる〉_他し、〈絵日記の天気をお姉ちゃんが調べてくれちゃいもした〉_自。

　この点では、(31) (32) (33) は直前焦点とも、後方移動焦点の例とも考えられる。実際、語用論的同類性や文脈依存的同類性に支えられた直前焦点の例は、後方移動焦点とも解釈することが可能である。
　これに従うと、次の例の場合も、とりたて詞が付加される名詞句だけが焦点ということになる。

(41)　あの歯医者は〈腕もいい〉_{自・他}が、〈料金も高い〉_{他・自}。

(42)　今日は午前中、〈お客が来る〉_他し、〈実家からも荷物が届く〉_自。

(43)　〈米国との経済摩擦の問題も深刻だ〉_{自・他・他}し、それと連動して〈税制の問題も動いてきている〉_{他・自・他}、そのうちに〈名古屋でも飛行機が落ちる〉_{他・他・自}んです。日本の社会は、日々刻々変化しており、政府はそうした問題に、迅速に、かつ的確に対応していかなきゃならんのです。

　益岡 (1991) の「焦点」とは、命題間の対立的な関係を集約的に表す、意

味的な主要素であるが、上の例の「も」に前接する要素は、必ずしもそうしたものに限られないように思われる。例えば(40)の「実家」や(41)の「名古屋」は、「届く」や「落ちる」に対して、慣用性の高い、意味的な結びつきの強い名詞句ではない。また、命題を決定的に特徴づけるような格成分ともいえない。その点で、意味的な主要素とは考えにくい。あるいは、「意味的な主要素」の考え方をもう少し広げて、何らかの語用論的な情報による認知的な枠組みで、これらを文の意味的な主要素とできるのかもしれない。しかし、(40)(41)では「実家」や「名古屋」を、あえて認知的な焦点と積極的に考える必然性もないように思う。

さらに、共通の述語という観点でいえば、「来る」と「荷物が届く」、「深刻だ」「動いてきている」と「飛行機が落ちる」の間に、共通の述語を推論するのは、(36a)(37a)等ほど簡単ではない。また(37a)では、こうした形で「命」に対する「他者」を想定するのは難しい。やはり(37a)は「命をとられる」、(42)は「実家から〜届く」、(43)は「名古屋で〜落ちる」全体が焦点と考えた方が、自然に思われる。

結局、直前焦点と解釈するか後方移動焦点と解釈するかは、とりたて詞による「自者」・「他者」の対立関係を、話し手や聞き手がどう認知するかによって左右される。両者の解釈を左右する直接的な要因が何か考える必要があるが、これについては保留する。

ともあれ、上のことからここでは後方移動焦点を認め、後方移動焦点の場合のとりたて詞の分布と焦点の関係を(44)のように考え、これを形式化すると(45)になる。

(44) 後方移動焦点では、とりたて詞の分布が焦点の先頭要素を表示する。
(45) 　［〈NP_n／$AdvP_n$〈NP_i／$AdvP_i$T　NP_1／$AdvP_1$　Pred〉$_1$〉$_i$〉$_n$］
　　　　T：とりたて詞、$i : n \geqq i \geqq 1$

4.1.2.3　前方移動焦点

第三の前方移動焦点とは、とりたて詞が述語に後接するにも拘わらず、述語

とは離れて、焦点はその述語と共起する前方の名詞句等であるものをいう。この場合の文の意味は、述語に後接するとりたて詞を、焦点に直接する位置に移動させた前方移動焦点の文と同義になる。次が前方移動焦点の例である。

(46) a 〈ご飯〉他をろくに食べずに、〈辛いおかず〉自を食べてばかりいたからのどが渇いた。
　　 b ＝〈ご飯〉他をろくに食べずに、〈辛いおかず〉自ばかりを食べていたからのどが渇いた。
(47) a 熊の足跡は〈畑の周り〉他はもとより、〈人家のすぐ近く〉自で見つかってさえいた。
　　 b ＝熊の足跡は〈畑の周り〉他はもとより、〈人家のすぐ近く〉自でさえ見つかっていた。

　ただし、「だけ」「ばかり」等と異なり、「も」「しか」等は述語に後接しにくい。従って、これらの語が前方移動焦点をとることは少ない。
　前方移動焦点の場合のとりたて詞の分布と焦点の関係は次のようにまとめ、形式化することができる。

(48)　前方移動焦点ではとりたて詞の分布は焦点とは直接関わらない。
(49)　［……〈NP／AdvP〉　……　Pred T］
　　　　　T：とりたて詞

　ところで、後方移動焦点、前方移動焦点はとりたて詞の分布ととりたての焦点がある意味で一致しない変則的な焦点である。しかし、こうした変則的な分布は両者に限られるのであって、以下のような焦点はあり得ない。

(50) a ＊〈次郎〉他が花子と仲良くするし、〈太郎〉自が花子とも仲良くする。
　　 b ＊太郎が花子と〈喧嘩をする〉他し、太郎が花子とも〈仲良くする〉自。

また、とりたての焦点には、複文の場合の次のような制限もある。

(51) a 〈裕次郎〉_焦_だけが載っている写真集を買う。
　　 b ＝〈裕次郎〉_焦_が載っているだけの写真集を買う。
　　 c ≠〈裕次郎が載っている写真集〉_焦_だけを買う。

　(51a)、(51b) は同義に解釈できるが、(51c) は同義に解釈できない。(51a)、(51b) はどちらも「裕次郎の写真集」を「買う」意味に読めるが、(51c) で「買う」のは「裕次郎の写真」が一枚でも載っていればよく、「裕次郎の写真集」とは限らない。つまり、「裕次郎が載っている」という連体文中にある「だけ」は、述語に後接する位置から「裕次郎」をとりたてる前方移動焦点は可能だが、節境界を越えて主節の要素である「写真集」に後接した位置から同様の焦点解釈はできないのである。

(52) a 〈楽器もこなせる〉_焦_ボーカルを募集する。
　　 b ＝〈楽器をこなせ〉_焦_もするボーカルを募集する。
　　 c ≠〈楽器をこなせるボーカル〉_焦_も募集する。

　(52) でも同義に解釈できるのは (52a) (52b) である。この場合は、連体文中の名詞「楽器」に後接する「も」が連体文の文末までをとりたて、「楽器をこなせ(る)」を焦点とする後方移動焦点は可能だが、節境界を越えて主節の「ボーカル」までを含めた形での後方移動焦点は不可能だということになる。

　(51) や (52) から、複文中の焦点については、次のような制限があることがわかる。

(53) 　とりたて詞は、それを含む最小節中にない要素を、節境界を越えて焦点とすることはできない。

以上、とりたて詞の三種類の焦点を見てきたが、実際の文でとりたて詞がどの焦点をとっているかは、とりたて詞がとりたてる「自者」が、何と、あるいはどんな事柄と範列的な対立関係にあるか、つまり、「他者」が何であるかによって相対的に決まる。またこれは、文脈等によって解釈されるものである。つまり、とりたての焦点は文脈等、語用論的要因で決定されると言える。

これまでの考察をまとめると次のようになる。

(54) とりたて詞によるとりたての焦点は、文脈等、語用論的要因で決定される。

(55) とりたて詞によるとりたての焦点には、とりたて詞の分布との関係から、直前焦点、後方移動焦点、前方移動焦点があるが、前方移動焦点は希である。

(56) とりたて詞の分布が焦点を表示するのは、直前焦点の場合であり、後方移動焦点の場合は、焦点と作用域が一致し、とりたて詞はその先頭の要素を表示する。前方移動焦点の場合は、とりたて詞の分布と焦点は直接関わらない。

さて、上ではとりたての焦点について考察したが、とりたて詞文では、とりたての焦点の他にとりたての作用域 (scope) も問題になる。実は先の (51) (52) に見た複文におけるとりたての焦点の制限も、とりたての作用域との関連で議論されるべきものである。とりたての作用域も、とりたて詞やとりたての機能を考える上で重要な問題である。以下では、とりたて詞によるとりたての作用域について考察する。

4.2 とりたての作用域

4.2.1 とりたての作用域ととりたて詞の分布

(57) a　すべり止めの学校<u>にも</u>落ちないように、最後まで全力で頑張りなさい。

b　第一志望校に落ちてしまった以上は、すべり止めの学校に<u>も</u>落ちないように、最後まで全力で頑張りなさい。
　　　c　第一志望校に合格したとはいえ、受験すると決めたからには、すべり止めの学校に<u>も</u>落ちないように、最後まで全力で頑張りなさい。

　(57a)の意味は曖昧である。(57b)では、「第一志望校に落ちたことに加え、すべり止めの学校にも落ちる」ことのないように「頑張りなさい」というのであり、「も」は「<u>Xに落ちる</u>」の「X」に入るものとして、「自者」「すべり止めの学校」と「他者」「第一志望校」を肯定している。
　一方(57c)では、「第一志望校に合格した、つまり落ちなかったことに加え、すべり止めの学校に落ちない」ことを目標に「頑張りなさい」というのであるから、「も」は「<u>Xに落ちない</u>」の「X」に入るものとして、「自者」と「他者」を肯定している。
　つまり同じ(57a)の文でも、(57b)の文脈と(57c)の文脈で、「も」の「自者」・「他者」の肯定・否定を判断する基準となる述語句―以下基準述語句と呼ぶ―の範囲が異なるのである。これは言い換えれば、とりたて詞「も」によって意味的に影響を受ける文中の範囲が異なるということである。
　このようにとりたて詞文の意味を考える際には、当該のとりたて詞によって意味的に影響を受ける文中の範囲―これを「とりたての作用域[7]」と呼ぶ―、上で言えば、ちょうど変項Xに「自者」を当てはめた基準述語句の範囲が問題となる。
　とりたて詞は分布の自由性を持ち、文中の様々な位置に現れる。とりたての作用域はとりたて詞の分布によっても規定される。
　以下、とりたての作用域及びそれととりたて詞の分布の関係について考えてみたい。
　結論から述べると次のように言える。

(58)　とりたての作用域は、当該のとりたて詞を含む最小節中の述語を中心とした範囲で、節境界を越えることはない。また、とりたて詞の分

布は、基本的にとりたての作用域の先頭要素か最終要素を表す[8]。
述語に後接するとりたて詞は、作用域の末端を示し、作用域の先端は、文脈等の語用論的情報から決定される。述語より前にあるとりたて詞は、作用域の先頭要素に後接し、作用域の先端を示す。この時の作用域の末端は、その要素を含む文の述語である。

具体的に見てみよう。
まずとりたての作用域が、とりたて詞を含む最小節中の述語を中心とした範囲で、節境界を越えることがない点について考える。
とりたて詞が文中の名詞や副詞をとりたてて焦点とする文は、一部のとりたて詞では言い難さがあり、また文脈によっては据わりの悪い表現になる場合があるものの、とりたて詞を述語の後に後接させた文と、同義に解釈できる可能性を常に持つ。このことから、「も」が文中の要素を焦点としても、その作用域は述語を中心とした範囲であると言うことができる。例えば次のようである。

(59) a 太郎だけが来た。
　　 b 太郎が来ただけだ。
(60) a 自分でウエディングケーキさえ作った。
　　 b 自分でウエディングケーキを作りさえした。
(61) a 大声でなど怒鳴らなかった。
　　 b 大声で怒鳴りなどしなかった。

(59)～(61)では、a文とb文は同義に解釈できる。
とりたての作用域が節境界を越えない点については、次の例で考えてみよう。

(62) a ［S2〈［NP［S1 父が卒業した］学校］〉父も受験する］。そして、祖父が卒業した学校も受験する。

b ≠ [S2 [NP [S1 〈父〉自も卒業した] 学校] を受験する]。

　上の(62a)では、文脈から端的に対立するのは、「父」と「祖父」と考えることができる。従って「父」を焦点とし、これを直接とりたてる位置に「も」がある(62b)文のように言うことも考えられる。先に見たようにとりたて詞はすべて直前焦点をとり得るから、もし「も」が「父」を焦点とするなら、「も」は「父」に後接できるはずである。しかし、(62a)と(62b)とは同義に解釈できない。つまり(62a)の「も」は「父」をとりたてられないのである。
　次の(63)(64)も(62)と同様に考えられる例である。

(63) a　[S2 〈[AdvP [S1 京都に行く] ために]〉自もお金が相当必要だ]。
　　　b ≠ [S2 [AdvP [S1 〈京都〉自にも行く] ために] お金が相当必要だ]。
(64) a　[S2 〈[NP [S1 女性に不利な] 法律]〉自ばかりが目に付く]。
　　　b ≠ [S2 [NP [S1 〈女性〉に自ばかり不利な] 法律] が目に付く]。

　このことから、主節中の「も」は連体修飾節や「ために」に導かれる副詞節等の従属節中の要素はとりたてられないと言える。とりたて詞の作用域は、従属節内部にまでは及ばないのである。またこれはそれぞれのb文から見ると、逆にb文の従属節中のとりたての作用域が主節中にまでは及ばないということでもある。
　ところが、上の(62)～(64)のb文は、「も」の後に読点を打って読む、あるいは、先行の名詞句に卓立をおき、「も」の後にポーズを入れると、a文と同義に解釈できるようになる。これは、あたかもb文の従属節中の「も」が、a文の「も」と同じように、主節中の名詞句を焦点とするかのように見える。しかし、これはb文の構造が変わったのであり、従属節中の「も」が主節の名詞句を焦点とするわけではない。つまり、b文が次のように構造を変えたのである。

(62) b′　[S3〈[AdvP 父]〉も [S2[NP[S1(父が)卒業した]学校]を受験する]]。
(63) b′　[S3〈[AdvP 京都に]〉も [S2[AdvP[S1(京都に)行く]ために]お金が必要だ]]。
(64) b′　[S3〈[AdvP 女性に]〉ばかり [S2[NP[S1(女性に)不利な]法律]が目に付く]]。

　b 文に読点やポーズを入れて、a 文と同義の解釈をする場合、例えば (63b′) では、「京都に関しても、京都に行くためにお金が必要だ」とか、「京都にならばその場合も」というように、暗に「～に関して」とか「～ならばその場合」等を補うことになる。焦点となる部分について、後続叙述全体が示す事柄が成立するための条件のような読みをしているのである。従って、この場合の「京都にも」は、従属節内の述語と関係するのではなく、「(京都に) 行くためにお金が必要だ」全体と関係していると考えた方がよい。また逆に、「も」の後に読点やポーズを入れるということは、そこに何らかの構成素間の断層を、話し手が感じているということでもある。

　一方、外池 (1989) に、これと関連すると思われる記述がある。外池 (1989) では、「は」、「も」、「が」についての考察の中で、「は」や「も」を一般の条件節に対して、縮約条件節や縮約譲歩節を導く補文標識としている。また、沼田 (1991) では、「だけで」と「でだけ」等に代表される、格助詞ととりたて詞の承接順序の違いによる、文の意味解釈の違いを考察した際、格助詞を伴う名詞句が、述語に支配される格成分ではなく、実は条件節ととらえられる可能性のあることを述べたが、Noguchi・Harada (1992) にもこうした指摘がある。これらの研究からも、(62b′)～(64b′) の構造は、十分あり得るものと考える。

　以上のことから、(62a)～(64a) と同義に解釈できる場合の文の構造を、(62b′)～(64b′) のように考え、「父も」や「京都にも」「女性にばかり」は、後続の叙述全体に対する条件節を「も」がとりたてたものと考える[9]。従って、この時の「も」と「も」に先行する「父」等は、もはや従属節中ではなく主節にあることになる。(62b′)～(64b′) の場合も、初めに述べた、節境界

を越えないという作用域の制限は守られているのである。
　次に、とりたて詞が述語に後接する場合、その述語が作用域の末端になる点について考える。とりたて詞は文末詞等をとりたてることはないから、とりたて詞が後接した述語の後に「ね」「よ」等がついても、これが作用域に入ることはない。また上に見たように、作用域は節境界を越えることはないので、従属節中の述語に後接するとりたて詞の作用域が主節にまで及ぶことはない。従って、主節であれ従属節であれ、とりたて詞が述語に後接する場合は、その述語が作用域の末端の要素になる。
　これは述語が様々な派生形式を後接させた場合も同様で、とりたて詞が派生形式の前にあれば、派生形式を後接させる前までの述語が作用域の末端であり、後にあれば派生形式を含んだ述語全体が作用域の末端になる。
　すべてのとりたて詞が次の(65)の「も」のように「ようだ」の後に分布するわけではないが、「も」を例に(65)の場合を考えてみよう。

(65) a　顔を殴られもしたようだ。
　　 b　顔を殴られたようでもある。
　　 c *被害者は腕もそうだが、顔を殴られもしたようだ。被害者はいったいどちらを殴られたのだろうか。
　　 d　被害者は腕もそうだが、顔を殴られたようでもある。被害者はいったいどちらを殴られたのだろうか。

　(65a)(65b)は、一見どちらも「も」が「顔」を焦点とし、「顔」以外の「他者」が「顔」同様「殴られた」ことを表すように見える。しかし、(65c)(65d)の「被害者は…たのだろうか」のような文脈と共起させて比べてみると、(65d)は自然だが(65c)は非文となる。そこで(65a)と(65b)の文は意味が異なることがわかる。(65c)(65d)の文脈では、「顔」と「腕」のどちらか一方が殴られたことが前提となっているから、(65b)は「顔」と「腕」の両方が「殴られた」のではない解釈を許すということになる。
　これは、(65a)と(65b)の「も」の位置の違いにより「も」の作用域が異

なるためと考えられる。(65a)は「も」が「殴られた」に後接するから、「顔を殴られた」が「も」の作用域である。一方、(65b)は「ようだ」に後接するから、「顔を殴られたようだ」が「も」の作用域である。(65b)の「も」は「Xが殴られたようだ」という基準述語句の推測の中で「X」に入るものとして「顔」と「顔以外」の「他者」を肯定するだけで、両者を「殴られた」と肯定するわけではないのである。そこで、「自者」「顔」についても「他者」「顔以外」についても、「殴られたようだ」という推測が成り立つが、実際はどちらの推測が正しいのか、という意味の(65c)が自然になるのである。

そこで、改めて(65a)(65b)の「も」の焦点と作用域を、〈〉と()で表すと次のようになる。

(66) a 被害者は(〈顔〉を殴られもした)ようだ。
　　 b 被害者は(〈顔〉を殴られたようでもある)。

次の例も同様に考えられる。

(67) a 太郎は医者でもあるようだ。
　　 b 太郎は医者のようでもある。
　　 c *太郎は医者でもあるようだ。太郎は医者か弁護士か、いったいどちらだろうか。
　　 d 太郎は医者のようでもある。太郎は医者か弁護士か、いったいどちらだろうか。
(68) a 太郎は(〈医者でもある〉)ようだ。
　　 b 太郎は(〈医者のようでもある〉)。

(67)の場合、「太郎は医者か弁護士か、いったいどちらか」といった文脈に入れると、(67b)は(67d)のように正文だが、(67a)は(67c)のように非文になる。(67a)では、「弁護士である上に医者でもある」ということを「ようだ」で推測するという解釈になるために、文脈と矛盾し非文となる。一

方、(67b)は「弁護士のようでもあるし、医者のようでもある」という解釈になり、「弁護士」「医者」、双方の可能性が「ようだ」によって推測されるだけなので、「いったいどちらなのか」といった問と矛盾しないため、正文となると考えられる。ここから「も」が「ようだ」に後接する(67b)は、(68b)のとおり、「ようだ」を作用域に入れるが、それより前に「も」がある(67a)は(68a)のように「ようだ」を作用域に入れないと考えられる。「だけ」の場合も同様で、(69c)(69d)のような文脈で正文となるのは(69b)であり、(69a)は(69c)のように非文となる。

(69) a 彼女は(〈幻を見た〉)だけかもしれない。
　　 b 彼女は(〈幻を見たかもしれない〉)だけだ。
　　 c *彼女は幻を見ただけかもしれず、幻を見たと決まったわけではない。
　　 d 彼女は幻を見たかもしれないだけで見たと決まったわけではない。

　ただし上の考察には例外がある。例外の一つは、受け身や使役等の「れる」「せる」に後接する場合である。例えば「殴られもする」「殴らせなどしない」「殴られるばかりだ」「殴らせるだけだ」等という形に対して、そもそも動詞に直接とりたて詞が後接する「?殴りもされる」「?殴りなどさせない」や「*殴りばかりされる」「*殴りだけさせる」という形は、言いにくいかあるいは不自然である。また仮に「殴りもされる」等の形を認めたとしても、これと「殴られもする」等の間で文の意味が異なることはない。この点では、「れる」「せる」は先に見た「ようだ」「かもしれない」等とは区別されることになる。
　二つめの例外は、とりたて詞文で表される内容と文脈等の関係で、とりたて詞が従属節内の述語に後接しても、その従属節をとる主要素である名詞や副詞、あるいは主節中の述語に後接した場合と、ほとんど意味の差がなくなる場合である。例えば次のような場合である。

(70) a　加害者は賠償<u>も</u>するべきだ。謝罪すれば済む問題ではない。
　　　b　加害者は賠償をするべきで<u>も</u>ある。謝罪すれば済む問題ではない。

　このように例外があることから、全てのとりたて詞文で、とりたて詞の位置による作用域の違いを明確に意識できるわけではない。しかし、こうした例外を除けば、とりたて詞の位置によって作用域が異なるのは、上に見たとおりである。従って、初めに述べたとおり、とりたて詞が述語に後接する場合は、そこが作用域の末端と考える。
　なお、上では作用域の末端について考えたが、この場合作用域の先端は、文の構造上の制限を除けば、文脈等の語用論的な情報により、範列的に対立する他との相対的な関係で決まる。
　次にとりたて詞が名詞句や副詞句等に後接した場合を考える。
　とりたて詞が後接する要素は必ずとりたての作用域に入るため、そこから述語までの範囲はとりたての作用域に入る。一方、とりたて詞が後接した要素より前にある要素はとりたて詞の作用域に入らない。

(71)　穏やかな休日のリビング、
　　　a　〈幼い娘がピアノを練習する〉_他傍らで、（〈母親<u>も</u>読書を楽しむ〉_自）。
　　　b　*〈幼い娘がピアノを練習する〉_他傍らで、（〈母親が読書<u>も</u>楽しむ〉_自）。

　(71a)では、他者「幼い娘がピアノを練習する」に対して「も」が後方移動焦点をとり、「母親が読書を楽しむ」を焦点とすると考えられるが、これと同じ解釈を(71b)の「も」の位置で行うことはできない[10]。次の例でも(72a)(73a)は自然だが、(72b)(73b)は許容度が下がる。

(72)　a　ガス栓を閉め忘れ、（〈玄関の鍵<u>だけ</u>植木鉢の下に隠した〉）。
　　　b??ガス栓を閉め忘れ、（〈玄関の鍵を植木鉢の下に<u>だけ</u>隠した〉）。
(73)　a　暖かな雨が降り、（〈新緑<u>も</u>美しさを増す〉）。
　　　b??暖かな雨が降り、（〈新緑が美しさ<u>も</u>増す〉）。

(cf. 新緑が緑を深め、美しさも増す。)

また次では文の意味の解釈に微妙な点もあるが、(74a)と(74b)を同義に解釈するのはかなり難しいと思われる。

(74) a　太郎はたまに花子だけと会う。(cf. 太郎はたまに花子と二人きりで会う。)
　　 b　太郎は花子だけとたまに会う。(cf. 太郎がたまに会うのは花子に限定される。)

　(74b)は「だけ」に関する基準述語句が「Xとたまに会う」であり、「たまに」が「だけ」の作用域の中にあるため、「太郎がたまに会うのは花子に限定される。」のような解釈ができる。一方(74a)は「だけ」の作用域の外に「たまに」があるため、この解釈ができない。(74a)を解釈するとすれば、「太郎はたまに花子と二人きりで会う」という解釈になる。
　また坂原(1986: 66-67)に指摘されるように、(75)では、「太郎が金持ちだから」が(75a)では「さえ」の作用域内に、(75b)は外にあるとして、異なった解釈ができる。

(75) a　(〈花子〉さえ、太郎が金持ちだから彼を愛しているのだ)。
　　 b　太郎が金持ちだから、(〈花子〉さえ彼を愛しているのだ)。

　さらに、次の場合も「も」や「だけ」が、それが後接する要素より前の要素を作用域に入れるとは考えられない。

(76)　山田がナポリに出張した。そして、
　　 a　山田がアテネにも出張した。
　　 b　アテネにも山田が出張した。

(76)では、「アテネ」を「も」がとりたてる。(76a)(76b)は、「アテネにも」と「山田が」の語順が違うが、ここでは、二つの文の意味に大きな差は感じられない。ところが、次の(77)では、(77b)は先行する文脈に対して意味が矛盾する文になる。これは、「も」の作用域が(76a)(77a)と(76b)(77b)とで異なるためである。

(77) 川村がナポリに出張し、次に山田がナポリに出張した。そして、
 a （だけ山田だけが（もアテネにも出張した））。
 b *（もアテネにも（だけ山田だけが出張した））。

この場合、(77a)では「も」が「だけ」よりも狭い作用域をとり、「山田が」は「も」の作用域に入らない。逆に、(77b)は「も」が「だけ」より広い作用域をとり、「山田だけが」を作用域の中に含む。

　以上から、とりたて詞が文中の名詞句等に後接する場合は、それがとりたての作用域の先頭要素であり、そこから述語までが作用域の範囲と考える。

　ところで、先の4.1.2.2で見た後方移動焦点は、文中の名詞句等に後接するとりたて詞が、その名詞句から述語までの範囲、つまり述語句を焦点とするものであった。これを上の考察と合わせると、後方移動焦点の場合は、とりたての作用域ととりたての焦点が一致することになる。

　さて上のように考察すると、結局とりたての作用域は基準述語句の「X」に、「自者」を入れた範囲ということになる。また、とりたて詞の分布は、作用域に関する限り基本的にはその先端か末端を示すということになる。

4.2.2　とりたての作用域の範囲

次に、とりたての作用域に入りうる要素と、どのような場合にも入らない要素について、若干考えてみたい。

　とりたての作用域に入りうる要素の範囲は、大体、連体修飾節中に入る可能性のある要素の範囲と考えられる。しかし、実際には、具体的に文中のどこまでとして確定できないように思われる。それで、「大体」というのであ

るが、連体修飾節中の範囲というのは、連体修飾節の持つ特徴による。

奥津(1974: 71-75)にも指摘されるように、「連体修飾文はそれがいかに長く複雑なものであっても、結局は被修飾名詞の名詞性を越えるものではなく、その名詞が内包し得る属性の表現にとどまるもの」(p.73)である。そのために、連体修飾節は、基本的に客観的叙述をなす部分と言え、これに含まれ得る要素とそうでない要素の間には、客観性・主観性をめぐって、文の構造上からも大きな断層がある。連体修飾節に対するこうした見方は南(1974、1993)にも共通する。

このように見ると、連体修飾節自体は名詞が持つ名詞性、客観性を越えず、その点連体修飾節同士を対立させ、範列的な関係でとらえることも可能になると思われる。南(1993)でも、上のことを踏まえた上で、とりたて詞に関わる「とりたて構造」を、連体修飾節に入りうる要素の段階である判断段階に位置づける。こうしたことから、とりたての作用域の最大範囲は連体修飾節に入る要素の範囲と考えるのである。

一方、連体修飾節に含まれる要素を具体的に見ると、その客観性が疑われるものも出てくる。例えば推量の「だろう」や、いわゆる文副詞あるいは陳述副詞等は、全くの客観的な要素とは言えず、連体修飾節に入るか否か、人によって判断が分かれる。とりたて詞に引きつけて考えても、これらはとりたて詞が後接して、焦点とすることのできない要素である。また願望の「たい」等でも、「ばかり」や「まで」等はこれらに後接することはできない。これについては、問題となる個々の具体的な要素について、さらに広範な現象を詳細に検討する必要がある。

以上のことからここでは、とりたての作用域の一般的な範囲は、大体連体修飾節に含まれる要素の範囲と考えておくことにしたい。

なお、これに対して、とりたての焦点となる要素は必ず作用域に入る。従ってとりたての焦点となる要素の範囲は、作用域が絶対的に含み得る要素の範囲でもある。これについては、4.1.1で既に述べた。

4.3 まとめ

本章では、とりたて詞によるとりたての焦点と作用域について考察した。以下に、本章での考察をまとめる。

1 とりたての焦点と作用域を、以下のように定義する。
　とりたての焦点とは、とりたての作用域内にある要素で、文脈等の語用論的情報から、他との範列的な対立関係を集約的に表す要素(つまり「自者」)ととらえられる構成素の範囲である。最大の焦点は、作用域と一致する。
　とりたての作用域とは、とりたて詞が文中で意味的に影響を及ぼし得る最大の領域で、当該のとりたて詞によって、他と範列的な対立関係をなすととらえられる、述語句の範囲である。とりたての作用域は、とりたて詞の分布及び文脈等の情報という、統語論的側面と語用論的側面の両方から規定されるものである。
2 とりたての作用域の最大範囲は、概ね連体文中に入る可能性のある要素の範囲であり、複文の場合、とりたて詞を含む最小節中の述語を中心とした範囲で、節境界を越えることはない。とりたての焦点となり得る要素は、副詞等に制限があるものの、とりたての作用域内のいわゆる命題構成に関わる要素であり、複文の場合は、とりたて詞を含む最小節中の要素である。
3 とりたて詞の分布と焦点、作用域の関係を表すと次のようになる。
　① とりたて詞が、述語に後接する場合
　　　焦点と作用域が一致する場合は、直前焦点であり、とりたて詞の位置は作用域の末端及び焦点を表示する。この際の作用域の先端は、語用論的に決定される。
　　　焦点と作用域が一致しない場合は、前方移動焦点であり、とりたて詞の位置は作用域の末端を表示する。この際、作用域の先頭要素である焦点は語用論的に決定される。
　② とりたて詞が、名詞句等に後接する場合

焦点と作用域が一致する場合は、後方移動焦点であり、とりたて詞の位置は作用域と焦点の先頭要素を表示する。
　　　焦点と作用域が一致しない場合は、前方移動焦点となり、とりたて詞の位置は作用域の先頭要素及び焦点を表示する。
③　①②から、焦点が名詞句の場合、焦点は常に作用域の先頭に位置し、とりたて詞を後接させることで、作用域の先端と同時に焦点を表示する、と言うことができる。

　とりたてでは、文中の当該の述語句について、それが示す事象とそれに範列的に対立する事象との意味上の関係づけが行われると考えるが、これまでの考察から、とりたて詞はその位置から、文中で焦点を表示しているのではなく、いわばこの述語句の範囲、つまり作用域を先端か末端かを示してくくり出す働きをしていると考えられる。むしろ作用域を示しながら、可能な場合には同時に効率よく、焦点をも表示していると考えられるのである。
　なお、この「くくり出し」はとりたて詞が「も」「こそ」等、係り結びに関わる係助詞とされた語であることと関係があるように思われる。とりたて詞の分布の本質を考える上で、歴史的研究も含め、この点についてさらに考察を進めることが重要と考える[11]が、これは今後の課題とする。

注
1　沼田（1984、1986a）などではとりたての焦点を「とりたてのスコープ」とした。
2　文中の客観的叙述に関わる部分、いわゆる命題構成に関わる要素を具体的に何と考えるかは、従来の研究の中でも一定していない。例えば、澤田（1993）の「命題内容層」、益岡（1991）の「命題」、南（1993）の「判断段階」に属するそれぞれの要素があげられるが、これらには、否定の「ない」、テンスを表す形式、推量の「はずだ」「らしい」等々、具体的な個々の要素の所属に異同がある。とりたて詞が、とりたての焦点及び作用域に、どのような要素を含み得るかは、とりたて詞、あるいは「とりたて」を文の意味的―統語的階層構造に位置づける上で重要な問題になる。上記の研究ではこの問題も扱われており、また沼田（1989）でも若干の考察を行ったが、十分に研究され

ているとはいい難い。そこで、本稿では、文の階層構造におけるどの段階の要素というとらえ方を避け、おおよそ「連体文中に現れ得る要素」とし、個々の具体的な要素で考えることにする。

3 概数量を表す「ばかり」としてなら自然だが、「限定」の「ばかり」としては非文となる。

4 沼田（2000: 164）では、「意外」の「さえ₁」はこうした場合の数量表現をとりたてられないとしたが、否定文の場合、多少許容度があがるかもしれない。

5 沼田（1986a）、沼田・徐（1995）では、使役の「せる」や受身の「れる」等がとりたての焦点となるとした。本研究ではこれらを含む述語（句）が焦点となると考え、こうした接辞自体が焦点となるか否かについては、再考する必要があり、ここでは保留する。

6 一方、沼田・徐（1995: 192）では、「も」がテンスを表す形式を焦点とするとした。しかし「も」は、テンスを表す形式に後接できない。そこで「も」のとりたての焦点にはテンスは含まれないと考える。「ばかり」等の他のとりたて詞もテンス形式の後には後接しない。そこで、これらについても述語句を焦点とする際にもテンス形式は焦点に含まないと考える。

7 本研究での「作用域」は、青柳（2006）等による LF 部門で決定される「作用域」とは異なる見方をとる。青柳（2006: 126–135）は、LF 部門で T（係助詞「は」「も」等）、v（副助詞「ばかり」「まで」等）に上昇したとりたて詞が c- 統御する領域とする。この論考の妥当性についての吟味もしなければならない。また、こうした作用域と本研究の作用域の違いについても検討し、とりたて詞の作用域について考察を深める必要があるが、ここではその余裕がない。今後の課題とする。

8 「擬似的例示」の「など₁」、「否定的特立」の「など₂」には例外的に見える現象があり、注意が必要だが、この詳細については別稿に譲る。

9 この点に関しては、（益岡 1991: 184–186）の「対立主題」等も含め、さらに考察を深める必要があるが、ここでは保留する。

10 青柳（2006: 123–125）では、Kuroda（1965）、Aoyagi（1998）を踏まえ、次のような例で(1a)(1b)(1c)とも許容されることから、本稿とは異なる分析を行う。
(1) 昨日のパーティーでは、花子がダンスを踊っただけでなく…
　　a 太郎がピアノを弾きもした。
　　b 太郎がピアノも弾いた。
　　c 太郎もピアノを弾いた。
しかし(1a)(1c)と(1b)とでは「も」により対比される焦点と他者の解釈が異なると考えられる。紙幅の関係で詳しく見られないが、(1b)が何故許容されるかは慎重な考察が必要と考える。

11 これに関して、特に興味深い研究として衣畑（2007）がある。

第 5 章　とりたて詞と他範疇との連続

5.1　同一語形の意味・用法の広がり

とりたて詞には、同形でも統語論的特徴が異なり、その異なりに応じて意味論的特徴も異なるものがある。これはとりたて詞に属する語が、元は名詞その他であったものからそれぞれに様々な意味・用法の変遷を経て、その変遷の過程で、それぞれの統語論的特徴も変化させて現代語に至っているためと考えられる。

　品詞分類は、たとえ形や意味が同一、あるいは似ているとしても、基本的には統語論的特徴によってなされるべきであろう。その点で、これら統語論的特徴の異なる同形の語群は、とりたて詞とは異なる範疇に属することになる。

　しかし、同一語形の意味・用法の広がりという観点で見た時、とりたて詞とそれ以外の範疇がどのように異なり、どのように連続的なのかを見ることも必要だろう。そこで、とりたて詞周辺に広がる範疇について、品詞論から見たこれらの語群の特徴を見ると同時に、これらととりたて詞に属する語の連続性について考えることにする。

5.2　形式副詞「まで」「だけ」「ばかり」「くらい」

「形式副詞」は山田（1908）に始まる用語だが、ここでの形式副詞は奥津（1973）により提唱され、奥津（1975a、1986b）他の一連の研究で詳しく考察

されたものを言う。

　奥津(1973)は形式副詞の一般的特徴を6点にわたってあげるが、その中で中心的特徴として、「形式副詞は先行する補足句をうけて、全体として副詞的機能を果たす副詞句をつくる。(同:953)」と述べている。

　奥津(1986b)等によれば、形式副詞には、「ほど」「だけ」「ばかり」「くらい(ぐらい)」「ため」その他の語が属するが、「まで」もこれに含めてよいだろう。この中、「だけ」「ばかり」「くらい」「まで」はとりたて詞にも同形の語があるが、次に形式副詞としての例をあげる。

（1）a　作者はこういう場合の女性心理を心憎い　まで／*∅　理解している。
　　　b　空き瓶ならたくさんあるから、ほしい　だけ／*∅　持って行っていいよ。
　　　c　骨も折れん　ばかり(に)／*∅　強い力で腕を捻りあげた。
　　　d　松造さん　くらい／*∅　真面目な人はいませんね。

　これらは副詞句の主要素だから必須であって、これがないと文は非文になる。この点で任意性を持つとりたて詞とは異なる。また意味の上でも、補足句と共に全体で「程度」や「量」を表す副詞句を構成するのであって、とりたての機能は果たさない。

　ところで、次の(2)に見るように、程度の形式副詞の「だけ」「くらい」は補足句の述語がタ形をとることも可能だが、「ばかり」「まで」はこれはできない。「ばかり」は「実際にそうではないが、そうなりそうなほど高い程度」を表し、古典語のいわゆる推量の「む」が後接したと考えられる形をとることが一般的である。

（2）a　あんな奴、こっちが　のめり込む／のめり込んだ　だけ馬鹿を見る。
　　　b　善治さんとこの子が病気になった時も、善治さんよりおカネさんの

方が心配して　大騒ぎする／大騒ぎした　くらいだった。
　c　声も　かれん（かれる）／＊かれた　ばかりに大声で叫んだ。。
　d　3ヶ月で自力歩行が　できる／＊できた　まで（に）快復した。

　ただ「だけ」「くらい」も含め、程度の形式副詞の補足句は、概して述語がタ形はとりにくい。この点、原因・理由の形式副詞とは異なる。また、これら4語の表す程度の高低に関しても個々の語で異なる現象が見られる[1]。
　形式副詞としての「だけ」や「ばかり」は、次のように「だけに」「だけあって」「ばかりに」等の形で「原因・理由」を表す場合もある。

（3）a　県大会出場を目前にしていただけに、チームの受けた衝撃は大きかった。
　　b　さすがに一世を風靡した横綱だっただけあって、振る舞いも堂々としている。
　　c　為替の動きを読み誤ったばかりに大変な損失を出した。

　この中、「だけあって」と「ばかりに」では、前者が望ましい結果を招く原因、理由を表すことが多いのに対し、後者は望ましくない結果を招く原因、理由であるという違いがある。
　さらに「ばかり」は次のように「動作の様態」を表す場合もある。

（4）a　温子はこの時とばかり、達夫のだらしなさをなじった。
　　b　突風で道路に止めてあった車もブワッとばかりに吹き飛ばされた。

　「ばかり」の表す「動作の様態」と「程度」は連続的で、先の（1b）も「骨も折れんばかり」を「骨が折れそうな」殴り方として、「動作の様態」ととることもできる。
　さて、以上見た形式副詞ととりたて詞は、基本的に任意性の有無によって弁別できる。しかし、（1a）の「だけ」等は「ほしい量だけ」と量を限定す

るような趣もあり、その点ではとりたて詞の「だけ」の意味と連続する。「くらい」も、とりたて詞であっても「最低限」という程度に関わる意味を持ち、やはり程度の形式副詞と連続的である。

（5）a　せめて夕食くらいごちそうしてくれてもいいのに。
　　　b　家族にくらい居所を教えてあるだろう。
　　　c　知り合いが困っていたら手を貸す　くらい（貸）したい／貸しくらい　したい。

　このように見ると「だけ」「くらい」については、程度・量を示すことから、示した程度・量に、主節の表す事柄と結びつくには十分な程度・量だといった評価が加わる。それが「理由」の形式副詞「だけ」に連続する。一方、程度・量を限定し、さらに限定の対象が程度・量から個別の事物になることでとりたて詞「だけ」へ連続する。また、程度・量を評価し、評価の対象が個別の事物になることでとりたて詞「くらい」へと連続する。このように見ることができるかもしれない。
　「ばかり」に関する形式副詞の中の各種の用法やとりたて詞との連続性は、まだ十分にとらえられない。これらについては、「ばかり」の通時的な変遷や方言における地理的変異のありようを見ることで、さらに考察を加える必要がある。
　「まで」については、後の5.4で述べる。

5.3　概数量を表す形式名詞「くらい」「だけ」「ばかり」

奥津（1980）では、次の「ほど」を概数を表す形式名詞とする。

（6）a　学生5人ホド　ガ　ソコニイル。（奥津1980: 154）
　　　b　コールド・クリーム　親指ノ頭ホド　ヲ　トッテ（同: 155）

量の場合も含めて、概数量を表す形式名詞にはこの他に、とりたて詞と同形の「くらい」「ばかり」「だけ」も含まれる。次がその例である。

(7) a 別にスープを用意し、魚がヒタヒタに浸る<u>くらい</u>を最初にゆっくり注ぎ入れる。
　　b リボンは襟飾りの分をあらかじめ切って、50センチ<u>くらい</u>を残しておく。
　　c 夜明け前の薄暗がりの中に、ざっと30人<u>ばかり</u>が待っていた。
　　d 硬貨は…、片手で握れた<u>だけ</u>が賞金としてもらえた。

　上の例の「魚がヒタヒタに浸るくらい」や「50センチくらい」等も全体で「スープ」や「リボン」のおよその数量を表す名詞句であり、「くらい」「ばかり」「だけ」はその主要素たる形式名詞である。
　ただし、概数量を表す形式名詞が数量名詞につく場合は、形式名詞がなくても文としては成立する。従ってその点では任意性があるように思われる。特に「ばかり」は数量名詞につくのが普通で、(7a)(7d)の「くらい」や「だけ」等のように補足句をとることはないから、一層任意の要素と考えやすい。しかし、(7a)(7d)の「くらい」や「だけ」が概数量を表す名詞句の主要素で必須であるのと同様に、(7b)(7c)のような場合も概数量の名詞句を形成するには必須の要素と考える。
　また(7)の「くらい」等による名詞句は、次のように連体修飾構造の主名詞になる。

(8) a （スープは）最初にゆっくり注ぎ入れる魚がヒタヒタに浸る<u>くらい</u>（を別に用意する。）
　　b （リボンは）襟飾りの分をあらかじめ切って、残しておく50センチ<u>くらい</u>（を袖口に使う。）
　　c 夜明け前の薄暗がりの中に待っていたざっと30人<u>ばかり</u>（が初日の出を拝んだ。）

d　(硬貨は…)賞金としてもらえた片手で握れた<u>だけ</u>(で優に 3000 円を超えていた)

　上のようにこれら概数量を表す形式名詞も、とりたて詞とは統語論的特徴が異なる。また、意味的にも「概数量」を表すという点で異なる。
　しかし、ここでも「だけ」は「片手で握れただけ」で「硬貨」の量を限定するようにもとれ、その点ではとりたて詞の「だけ」に連続する。さらに「だけ」が数量名詞につく場合は数量の「限定」の意味になり、とりたて詞としてしか解釈できない。また、「くらい」も形式副詞の場合同様、次のように形式名詞ととりたて詞が弁別し難い場合がある。

(9)　アルバイターは、10人<u>くらい</u>、いつでもこちらのつてだけで頼める。

　上は、「10人」を概数ととれば「くらい」は概数の形式名詞となり、最低限の人数ととればとりたて詞となる。それに応じて

(10)　いつでもこちらのつてだけで頼める 10人<u>くらい</u>

の「10人くらい」が連体修飾構造の主名詞になるか否かの判定も変わってくる。
　ここでは数量名詞を考えたが、数量表現は副詞句としても働く。数量詞遊離等と言われる現象がそれに当たる。その点では、ここで扱った概数量の形式名詞は、形式副詞との連続性が問題となる。その上でやはり形式名詞についても、「だけ」「くらい」については、概数量を示す用法から、示した数量への限定や評価が加わることでとりたて詞へという、形式副詞と似た連続性が見て取れそうだ。「ばかり」については、形式名詞ととりたて詞の間に意味的にも隔たりがある。「ばかり」の歴史的な変遷過程を明らかにすることで、この隔たりの理由を考える必要があろう。

5.4　格助詞及び順序助詞「まで」

「まで」はとりたて詞に属する語だが、同形の語が格助詞にも順序助詞にも属する。

(11) a　ご存じの方は当方までご連絡ください。
　　 b　ボールをラインの外まで投げる。
　　 c　今日は5時までが勤務時間だ。
　　 d　子供が成人するまでを親は自分の人生の一区切りと考えていた。

　(11a) (11b) が格助詞、(11c) (11d) が順序助詞の例である。
　順序助詞は奥津 (1966) によるもので、「から」と「まで」で一定の順序集合を示す機能を持ち、「から」が順序助詞の中でも始点の助詞、「まで」が終点の助詞とされるものである。順序助詞は以下の特徴により格助詞と区別される。

(12) a　格助詞と相互承接したり、文に後接したりする。
　　 b　名詞や文に後接した場合は「から」や「まで」を含めた全体で名詞句として機能することができ、連体修飾を受けることができる。

　ただし、奥津 (1966) には指摘されていないが、(12a) でいう「文」にはタ形がとれない。

(13)　*子供が成人したまでを親は自分の人生の一区切りと考えていた。

　原則として、とりたて詞と格助詞「まで」は、任意性の有無と他の格助詞との相互承接の可否の点で弁別でき、とりたて詞と順序助詞の「まで」は、(14a) (14b) のように、任意性の有無と、「まで」を含めた要素全体で連体修飾を受けることができるか否かの点で弁別できる。

(14) a 今日は 5 時　まで／*∅　が勤務時間だ。
　　 b 親が自分の人生の一区切りと考えていた子供が成人するまで

　しかし、格助詞「まで」や順序助詞「まで」にとりたて詞「まで」が承接すると考えられるような場合は、「までまで」と重ならず、一つの「まで」になる。

(15) a 小さな子供のくせに太郎は川の向こう岸まで泳ぎ着けた。
　　 b 綿畑はその 3 分の 2 までが地主のもので…。

　(15a)の「まで」は格助詞の「まで」ともとりたて詞の「まで」ともとれる。「川の向こう岸」を単なる「泳ぎ着く」到達点と解釈すれば格助詞「まで」であるが、これをそんな所まで泳ぎ着けると思わなかったという意外な到達点と解釈すれば、とりたて詞「まで」とも考えられる。この場合は「川の向こう岸までまで」とでも言いたいところで、事実「川の向こう岸へ／にまで」なら言える。しかし「までまで」という重複は不自然で、「へまで」「にまで」のようにするか、(15a)のようにとりたて詞「まで」一つで表されることになる。
　(15b)は順序助詞ともとりたて詞ともとれる「まで」である。この場合も「3 分の 2」という「綿畑」の面積の割合を単なる割合、量として解釈すれば順序助詞の「まで」であり、それを意外なものとして「まで」がとりたてると考えれば、とりたて詞「まで」である。
　「まで」という語形をめぐり、場所を「動作の到達点」として示す格助詞から、場所や時点その他を「範囲の終点」として示す順序助詞へ、また、ある状況を「状態の到達点としての程度」として示す程度副詞へ、さらに到達点としてとらえた事物に対する意外性という評価が加わることでとりたて詞へという、「まで」に前接する要素の広がりとそれに連動する前接要素のとらえ方の変化に応じた用法の広がりが見えてくる。

5.5 並列詞「など」[2]

奥津(1974)では「など」を、とりたて詞とする可能性を認めながらも、並立接続助詞[3]としている。本書では、とりたて詞としての「など」を認めるが、これについて詳しくは第2部第8章に述べる。

奥津(1974)によれば、並列詞の「など」は、以下の特徴で他の並列詞「と」等と共通する。

(16) a 一種の列挙の機能を果たす。
　　 b 名詞に直接ついたり、連用成分に後接したりする。
　　 c 列挙される要素と「など」を含めた全体で名詞として機能し、連体修飾をうける主名詞の一部となる。

次が並列詞の「など」の例である。

(17) a 江戸狩野の作品として、探幽、尚信、常信などが収録されている。
　　 b 江戸狩野の作品として収録されている探幽、尚信、常信など
　　 c 投書は、主婦からやサラリーマン、いわゆる退職組のシルバー世代、学生からなど様々なものが届く。

(17a)は「など」が名詞に直接ついているが、これはbのように連体修飾を受ける主名詞の一部となる。

これに加え、「など」は次のように述語に後接することもある。その点では、「と」等より列挙する要素の範囲が広い。

(18) 映画を見たり、音楽を聴いたり、スポーツをしたりなどする。

ところで、(16a)の「など」の「一種の列挙の機能」は他の並列詞「と」等とは異なる。「と」「か」「や」等は、最後の要素の後では省略されること

が多いものの、その他は列挙する要素のいちいちにつく。一方「など」は列挙される要素の最後のものに後接し、列挙される要素が一つであってもよい。次のようである。

(19) a　ショーには、歌と踊りとトーク(と)がふんだんに盛り込まれている。
　　 b　紅茶かコーヒーか日本茶(か)を選べる。
　　 c　犬や猫(や)の病気を治す。
　　 d　今度の誕生日にはバラの花などを贈りたい。

　山田(1952: 322、338)、此島(1973: 266)によれば、古くは並列詞「と」には、列挙される要素の最後のものにだけ後接した用法があり、「など」はこれに由来する。次の(20a)が山田(1952)、(20b)が此島(1973)にあげられる例である。

(20) a　物見車大将中納言とをみていふやう、(宇津保物語 国譲 下)
　　 b　阿乎夜奈義烏梅等能波奈乎折りかざし(万葉集5・822)

　この「と」による列挙の際に、最後に同種の事物の含蓄を表す「なに」を置き、「…なにと」と表現されたものが文法化され、「なんど」を経て「など」になった。
　こうしてみると、現代語の「など」が諸要素を列挙する仕方は、その語源から来る特徴を残したものと言える。
　また、「と」「か」「や」等は列挙される要素間の関係も表す。
　「と」「か」は、並列され得る要素が網羅的に明示され閉じられた集合をなしている。「や」は、並列され得る要素が常に明示されるとは限らず、複数の要素を部分的に列挙し、他にも並列されうる同類の要素の存在を暗示することもある。この場合、「や」で列挙される要素は開かれた集合をなす。
　一方「と」「や」はいわば 'and' の関係で要素を並列し、「か」は 'or' の

関係で並列する。

　これに対し、「など」は要素を並列するだけで、要素間の関係までは示さない。従って、要素間の関係の解釈は語用論的な要因に左右される。例えば上の (19a)(19c) は、列挙される要素が複数ある。「など」に限らず並列詞がなく、単に要素が列挙される時は要素同士は普通 'and' の関係で解釈される。先の (19a)(19b) でも次のようになると、どちらも 'and' で結ばれる要素が網羅的に列挙される意味になる。

(21)　a　ショーには、歌、踊り、トークがふんだんに盛り込まれている。
　　　b　紅茶、コーヒー、日本茶を選べる。

　このことから、(17a)(17c) も並列される要素は 'and' で結ばれる関係と解釈されるのだが、それらが網羅的に列挙されるか、部分的であるかはどちらの可能性もあり文脈による。
　これに対し、(19d) のように「など」が列挙する要素が一つだけである場合は、当然要素の列挙は部分的である。そして要素間の関係は、解釈の傾向としては 'and' の関係への傾きが強いかもしれないが、'or' の関係でも可能である。ただし、(19d) の述語がタ形となる次のような場合は、'and' の関係で解釈される。

(22)　今度の誕生日にはバラの花などを贈った。

　以上のことから、並列詞「など」について改めてまとめると以下のようになる。

(23)　並列詞「など」は、列挙された最終要素に後接し、その要素以外に、それと同一の集合をなすものとして並列されるべき要素が他に存在することを示す。

このように見ると、むしろ「など」は、個別要素を部分集合として示しつつ、実はそれを含む一つの全体集合を提示すると言ってもよい。「など」の機能が「例示」と言われてきたのは、そうしたことによるものだろう。
　さて、既に見たように並列詞の「など」ととりたて詞の「など」は、連体修飾を受ける主名詞の一部になり得るか否かで弁別できる。しかし、両者とも明示される要素以外の「他者」が想起される点は共通する。特にとりたて詞「など$_1$」は、実際には存在しない「他者」が擬制されるというだけで、その意味の「擬似的例示」の「例示」という点でも並列詞「など」と共通する。その点で両者は極めて連続的である。実際に用例を見ていくと、文脈その他の情報に照らしても、解釈が曖昧で、両者のどちらとも判断がつき難い場合も少なくない。そこで、とりたて詞「など$_1$」を立てず、これを語用論的要因によって生ずる並列詞「など」の用法の一つと考える考え方もあろう。
　しかし、そうした場合であっても、「他者」が存在する並列詞「など」と解釈するか、擬制されるとりたて詞「など$_1$」と解釈するかで、「など」を含む要素が全体で連体修飾を受ける主名詞の一部になれるかどうかの判定が変わる。意味解釈に連動して統語特徴が異なるのである。そこで、ここではあくまで両者を別語として区別することにする。
　部分を明示して全体集合を提示する並列詞「など」、全体集合の存在を擬制するとりたて詞「など$_1$」、全体集合の中での明示された要素と「他者」との相対的な評価が加わるとりたて詞「など$_2$」というように、集合提示から擬似的な集合の提示へ、さらに提示した集合内の個別要素の評価へという「など」の用法の広がりが見えそうである。

5.6　「も」3種

　「も」の記述も、品詞分類を文法記述の中でどのように位置づけ、どのような観点でとらえるかによって違って来よう。例えば「も」をとりたて詞の「も」とそうでない「も」という形に分けないで、一つの語として見る考え

方もあるだろう。その上で、「も」が実際に文中に現れる場合の、各々の意味論的特徴、統語論的特徴の異同やその相互の関係をとらえていくという見方である。しかし、ここではあえてそうした考え方はとらないでおきたい。まず統語論的特徴を指標として品詞論上のカテゴリーを分け、そこに「も」を位置づける。その上で、分けられた「も」について、相互の連続性や非連続の関係を、まずは共時的に、場合によっては通時的に眺めていきたいと考えるのである。

こうした見方に立って、以下では、とりたて詞でないと考える3種類の「も」について考えることにする。

5.6.1　形式副詞「も」

澤田（1993）は、下の例の「不幸にも」「惜しくも」等を「文副詞類」とする。そしてこの場合の「も」を、「間投助詞」であり、「「話し手の主観的な命題態度」をマークする機能を持つ（同：235）」ものとする[4]。

(24)　不幸にも、水害の上に震災の被害が重なった。
(25)　惜しくも、9回裏に逆転されて優勝を逃した。

ここで指摘されるような機能は、とりたて詞の「も」には認められないものである。また、これらの「も」には、基本的に任意性がないと考えられる。そのため、とりたて詞とは考えない。ただし、澤田（1993）でも「一応」という前置きがあるが、この場合の「も」を「間投助詞」とするのがよいか否かは議論の余地があるように思う。むしろ、澤田（1993）のいう文副詞類を構成する主要な要素と考えて、いうならば奥津（1986b）でいう「形式副詞」の一つと考えたい。

「間投助詞」は、山口（1971）で次のようにいわれる。

「語調を整える、語勢を強める、感動を表すなどのために文の間や文の終わりに、その使われる位置をかなり自由にかえて用いられる助

詞。」（同：147）
　「間投助詞はこれを除いても、文の成立には影響を及ぼさない助詞である。」（同：147）

　この他の研究でも、間投助詞については、一般に感動や詠嘆という形での相手に向かっての話し手の働きかけを表す機能と同時に、文構成に関して二次的、付加的な要素である特徴が指摘される。ところが、ここでの「も」は、多くの場合「も」がないと文副詞類が成立しないか、しにくくなる。この「も」は二次的、付加的な要素ではないのである。
　澤田 (1993: 226) では、末尾に「も」を持つ文副詞類として「賢明にも」から「哀れ (にも)」まで 32 の語があげられているが、その中「も」がなくてもよいとして（　）に入れられるのは、「幸い (に)(も)」「不思議に (も)」等の 6 語だけである。人によっては、「も」がなくてもよいと判断される語がもう少し増えるかもしれないが、いずれにせよ、「も」が必須か、あった方がよい語の方が圧倒的に多い。
　また、大賀 (1992) でも指摘があるが、これらの語と、末尾に「も」を伴わない形で多くの場合、意味的に対応を見せる文副詞類が、「～ことに」である。例えば、「賢明にも」と「賢明なことに」、「愚かにも」と「愚かなことに」のようである。

(26)　a　<u>賢明にも</u>、彼は都民に公約する前にそれが実行可能か否かを調査していた。
　　　b　<u>賢明に</u>、彼は都民に公約する前にそれが実行可能か否かを調査していた。
　　　c　<u>賢明なことに</u>、彼は都民に公約する前にそれが実行可能か否かを調査していた。

　(26) では、(26a) と (26c) は細かなニュアンスを別にすれば、ほぼ同義の文と考えられる。しかし、(26b) は「賢明に」を文副詞類と考えようとする

と非文となるか、かなり不自然な文となる。やはり不自然さは残るものの、非文としないためには、単に「調査していた」を様態修飾する副詞成分と考えなければならない。つまり「も」のない「賢明に」では、文副詞類としては機能しないのである。

ところで、(26c)の「賢明なことに」の「こと」とは後続の命題を指し、「ことに」は「賢明な」が後続の命題全体に関わりを持つこと、つまり「賢明なことに」全体が文副詞類として機能することを保証していると考えられる。このことから、(26a)の「も」にも「ことに」と同様の機能があり、これが文副詞類を成立させる主要な構成素となっていると考えるのである[5]。さらに、「辛くも」「いやしくも」等は、「*辛いことに」「*いやしいことに」という文副詞類はないが、事情は同じで、「辛く」「いやしく」だけでは、述語の様態修飾成分としてもとらえられないため、「も」がなければ文副詞類と考えられないばかりでなく、直ちに文が非文となってしまうものと考えられる。

一方、「不思議に(も)」等は、「不思議に」だけでも述語の様態修飾の副詞成分ととらえられることがなく、文構成上も後続の要素に続ける形をとっており、文副詞類として成立する。そのため、「も」が必ずしも必要でなくなるのだと考えられる。

これに関連して松下(1961)でも、

(27) a <u>早くも</u>風を食つて逃げてしまつた。
　　 b <u>つら憎くも</u>こういうことを吐すんだよ。
　　 c 彼は<u>哀れにも</u>犬死にをした。
　　 d <u>畏多くも</u>御下賜品を賜つた。　（松下(1961: 348)、例文番号は筆者）

等の例を上げ、

　　これは「＝」と「―」との對比であるが、對等な對比ではない。最初の例でいふと、風を食つて逃げたといふ意義を基礎にして其れへ「早

く」の意義をつけ加へるのである。

　彼は風を食つて逃げた。而もおまけに早くだよ。逃げただけなら驚くにも當らないが早くといふ條件も加つてゐる。

の意で、「且加之」の意が有る。「一」を認めるのみならず、「＝」をも認める意である。右は條件の付加である。條件と事柄を對比するのである。　　　　　　　　　　　　　　　　　　　　　　　　（同：348-349）

という記述がある。興味深いのは、この「も」を、「早く」等と後続の命題「風を食つて逃げてしまつた」等を、「對比」という形ではあるが、結びつけるものと考え、「早く」等の部分が後続命題の意義を基礎にして、それにつけ加えられるという点である。これは、澤田(1993)の文副詞類の記述（第8章特に 232-233）と通じる部分が少なくないように思われる。もっとも松下(1961)は、この場合の「も」も「父も役人でしたが私も役人です。（同：337）」等の「も」と同じく題目の助辞とし、本書でいうとりたて詞の「も」と同じものと考えている。その点で、澤田(1993)とも本書とも異なる。

　なぜ、「も」にこのような環境に現れるものがあるのか、とりたて詞「も」との連続性という観点から、あるいは「も」という語形を持つ語全体の本来的な意味、機能という観点から考える上では、松下(1961)の指摘は、なお重要な点を含んでいるようにも思われる。しかし、上に述べた統語論的な機能の異なりを考えると、この「も」をとりたて詞とするよりは、文副詞類の一部と考える方が妥当である。従って、ここではこの「も」を文副詞類を形成する主要成分として、形式副詞と考えておく。

5.6.2　語中あるいは慣用句中の「も」

「ながらも」「つつも」「よりも」「しかも」等は、これらの成り立ちを通事的に見れば、「ながら」と「も」等に分析できるかもしれない。しかし、少なくとも現代語では、これ以上分析せず「も」を含む全体で一語とするのが妥当である。これは、「しかも」と同じような意味で使われる次の

(28) 恥をかいた、それも満座の中でだ。

の「それも」についても同様である。従って、これらの語の中の「も」はとりたて詞とは考えない。

また、「とりもなおさず」「ともかくも」「ともすれば」「ほかでもない」「かもしれない」等の中の「も」は、その成り立ちから考えて、とりたて詞の「も」のように思われる。しかし、これも固定度の高い連語であり、これらの形全体で始めて意味をなすものである。そこで、この「も」も慣用句の一部と考え、これ以上分析して「も」がとりたて詞であるか否かを論ずることはしない。

5.6.3 慣用的強調の「も」

(29) a 南も南、赤道直下だ。
    b 親分も親分、街道一の大親分。
    c 食いも食ったり、一人で10杯ぺろりと食べた。
    d 打ったも打った、盛大な場外ホームランを打った。
    e 忙しいも忙しい。目が回るほど忙しい。

上の例の「も」は、(29a)(29b)の二つ目の「南」「親分」等の後項の名詞句が省略されることはあるが、そうでない限り同語反復の形式で常に「親分であるコト」「打ったコト」「泣くコト」を強調する。この「も」には、上の他に、「よりにもよって」や「そろいもそろって」等のように、かなり慣用化の度合いの強いものもある。

さて、これらは「食いも食ったり」「打ったも打った」「泣きも泣いた」等の形があることから見て、(29a)(29b)の場合も単なる名詞句の「も」による同語反復の形式とは考え難い。(29c)〜(29e)に沿って考えると(29a)や(29b)も、例えば(29a)でいうと、

(29) a′　南である（の）も南である、赤道直下だ。

のように、「も」は、意味的には「南である」という文と「南である」という文を結びつけているのと同様な構造を持っていると考えた方がよい。つまり、(29a) の「南」や (29b) の「親分」も文相当の成分ととらえるべき名詞句だと考えられる。

　ところで、これらの文は次のような文とほぼ同義に解釈できる。

(30) a　南だ、それも／しかも　ただの南でない南、赤道直下だ。
　　 b　親分だ、それも／しかも　ただの親分でない親分、街道一の大親分だ。
　　 c　食った、それも／しかも　ただ食ったのでなく食った、一人で10杯ぺろりと食べた。
　　 d　打った、それも／しかも　ただ打ったのではなく打った、盛大な場外ホームランだ。
　　 e　忙しい、それも／しかも　ただ忙しいのではなく忙しい、目が回るほど忙しい。

　上は、「それも」や「しかも」を用いた文であるが、これらの接続表現が上の文では、同語反復で強調を表す「も」とほぼ同じ働きをしていると考えられる。では、これらの「それも」や「しかも」はどのような働きをしているのだろうか。

　因みに「それも」は『日本国語大辞典〔縮刷版〕』（第1版　小学館）に次の記述がある。

　　（接続詞的に用いて）前の事柄に対し、後の事柄が反対、対立の関係にあることを示す。それでも。そうであっても。　　　　（第6巻：1182）

　また同書では、「しかも」は添加の接続詞とした上で「それに加えて」「そ

れにもかかわらずなおその上に」「それでもなお」(第5巻：406) 等の意味としている。ここでは、「しかも」や「それも」が、統語論的には接続詞としての機能を持つこと、意味論的には単なる添加ではなく、いわば逆接も併せた接続であることが認められている[6]。

実際に (30a) 〜 (30e) の「それも」や「しかも」にも、上の記述が当てはまるようだ。これらはまず、前文の「南だ」等を受け、この文を後の文に接続する。後の文では「単なる南ではない南」と、いわば前文の平板的な叙述を否定し、「赤道直下だ」のような「そこまでとは思わなかった」という意外性の高い叙述を追加する。つまり、「それも」や「しかも」は、先行の文を受け、後行の文でその平板的な叙述を否定し、それを極端な、あるいは典型的なものとして改めて特徴づける。そして、全体で「南であるコト」を強調しているのである。

では、これとほぼ同義に解釈できる (29a) 〜 (29e) の文の「も」による同語反復の表現も、これらと同様に考えられないだろうか。つまり、「も」に前接する文相当の名詞句や文による叙述を受け、それを後の文で極端なもの、あるいはそれらしい性質を最高に備えた典型的なものとして特徴づける形で叙述し直していると考えるのである。実は松下 (1961) でも、この「も」に関しては「判断価値の再判断」といい、ここでの考え方に近いとらえ方をしている。松下 (1961) では、

(31) 「ご迷惑ですか。」「あゝ迷惑も大迷惑だ。」(同：350、例文番号は筆者)
(32) 　飲みも飲んだものだなあ。三人で四升飲んだぜ。(同：351、　〃　)

等の例をあげ、(31) でいうと、「も」の前の「迷惑」は「迷惑なり」と考えた判断の結果を表し、次の「大迷惑だ」は「迷惑」の判断価値を形式的にも実質的にも再判断して然りとすると同時に、その甚だしいことを述べているのだとしている。(32) の「飲み」と「飲んだ」についても同様に、判断の結果と、その判断価値の再判断だとしている。ここでも「も」が、一種の、先行の叙述と後続の叙述を結びつける働きをしているものとしてとらえられ

ているのである。

　ただし、松下(1961)では、この場合の「も」も、他の「も」—本書でいうとりたて詞の「も」—と同じく題目の助辞としている。また、題目の助辞の「は」にもこれに似た機能を認め、「は」と「も」の違いについて述べている。この「は」については、また別に考えるとして、ここでは、この「も」をとりたて詞の「も」とは考えない。

　この「も」は、とりたて詞の「も」のように、前接する名詞句を「自者」と考えた場合に、それに対して暗示される「他者」は考えられない。また、上に見たとおり、「も」には統語論的にも叙述と叙述の接続の機能があるのだから、これを除いては、

(29) a″ *南 Ø 南、赤道直下だ。

のようになり、口頭語の省略された表現と考えない限り、非文と判断される。つまり任意性もないのである。こうしたことから、ここでは、むしろ「しかも」や「それも」等と同様に、これらの「も」も、接続詞、しかも逆接添加の接続詞に近いものと考え、とりたて詞からは除く。

　上の「も」について、通時的な観点で今少し見ておきたい。「も」にはかつて、塚原(1969)、小林(1970)、青木(1971a, b)、内尾(1973)、安田(1977)等に中世、鎌倉期以降に定着したといわれる「逆接接続助詞」の「も」があった。

(33)　人ハイミジクタケクモ力ヲヨバヌ事ナリケリ。
　　　　　　　（愚管抄　巻第六　岩波『日本古典文学大系』による）
(34)　同ジ御子豫王ヲタテラレシモ又ステテミズカラ位ニヰ給。
　　　　　　　（神皇正統記　中　岩波『日本古典文学大系』による）

等の「も」がその例とされるものであるが、これは、現代語にはほとんど残っていない。しかし、わずかに「はかなくも美しく燃え（＝はかないが美しく

燃える）」や「貧しく<u>も</u>心正しい人（＝貧しいが心正しい人）」等のような文に残り、また、新聞記事等の字数制限が厳しい文章の中で、

(35) 2敗の貴ノ花。土つく<u>も</u>、まだ綱とりの望みは残る。

のように使われることはある。

　一方、同語反復で強調を示す「も」には、上の「逆接の接続助詞」の「も」が定着した後のもので、湯沢（1954、1981）等にあげられる、

(36) ヲホヘ（覚え）<u>モ</u>ヲホヘタリ、云<u>モ</u>云タリソ　　（史記抄2・周本紀）
(37) あきれ<u>も</u>あきれたが、感心<u>も</u>感心だ　　　　　（浮世床、二下）
(38) さうさ、痛はしさ<u>も</u>痛はしいネ　　　　　　　（浮世風呂、前上）
(39) いろいろ書いておるだろうから、見たさ<u>も</u>見たいが泪のたね。
　　　　　　　　　　　　　　　　　　　　　　　（娘節用、九、一二ウ）

のような例がある。

　上の例の中、(36)(37)は、「ヲホヘ」と「云」、「あきれ」「感心」が互いに「自者」・「他者」の関係にあるとも読みとれる。この点で、先の(29)等で見た逆接添加の「も」とは、些か異なる。むしろこの点では、とりたて詞といえるかどうかは疑問だが、とりたて詞的ではある。また、「ヲホヘタルモヲホヘタル」のように完全な同語反復の形ではない点でも、(29c)等とは異なる。他方、(38)(39)では、前二例のような「自者」・「他者」の関係に読みとれるものはない。また、(38)でいうと、これは、湯上がりの松エ門と八兵が、地卞のどら息子が親の身代を使い果たし、零落してみすぼらしい身なりをして行くのを見て、「本当に痛はしいことよ」と話しあっている場面での松エ門の言葉であり、(38)の後に「心がけがわるいと皆あの通りだ」（『日本古典文学大系　浮世風呂』岩波書店：68）が続く。その点では逆接添加の「も」と考えられる。しかし、(38)(39)では、「痛はしいも痛はしい」のような形ではなく、「も」に前接する語が「痛はしさ」のように名詞化し

ている。この点でこれらの例の「も」も、(29) の例、特に (29e) の「も」とは幾分異なる。

　こうして見ると、かつて「も」には、一方に逆接の接続助詞、また一方に (36)(37) のような、前接語が連用形[7]の不完全な同語反復の形でのとりたて詞的な「も」、そして (38) のように前接語が名詞化した逆接添加の「も」があったことがわかる。

　これらの「も」は上にみる限り、いずれもそのままの形では現代語に残っていない。従って、これらが現代語における (29)[8] の「も」に、どのように関連し、どのように関連しないのかは、この間の用例を文献にあたってつぶさに検討した上でなければ、勿論確かなことはいえない。しかし、古代語における逆接接続助詞「も」の存在、その後の同語反復による「も」の強調表現の存在は、現代語における逆接添加の「も」の成立に、何らかの影響を与えた、あるいは関連があるという推測も、否定しきれないように思う。

　ともあれ、現代語の逆接添加の「も」は、先にも述べたように接続詞に近いものと考える。しかし、これらは同語反復による強調表現の中という、極めて固定的、特殊な環境で現れるものである。そこで、一般の接続詞とは区別して、慣用的な用法の「も」とし、便宜的に「慣用的強調」の「も」と呼んでおく。

　さらに、「慣用的強調」の「も」は、(29c) のような「も」が複数重なり

(40)　早いも早い、一分あればできるし、正確も正確、間違いはまず見あたらない。

のようになると、先の (36)(37) 同様、「早い」と「正確」が互いに「も」によってとりたてられる「自者」であり、「他者」である関係にあるともとれるようになる。実際に「も」による同語反復の形式は、こうした例も少なくないのである。しかし、これも各々の「も」は、あくまでも「慣用的強調」の「も」であり、たまたまそれが重なり、二つの表現が対比的に読みとれるために、解釈上とりたて詞のようにも見えるだけのことだと考えたい。これらは、

(41) a　親も親なら、子も子だ。
　　 b　相手も相手だが、お前も悪い。
　　 c　１千万からの品物になると、立派も立派だが、高いも高い。

のような例とは、松下（1961: 349–350）でも区別する通り、厳密に区別して考察する必要がある[9]。

　また、「慣用的強調」の「も」による同語反復は、後項が省略されることがある。

(42) a　この部屋は、北も（北）、真北の一番寒い部屋だ。
　　 b　ああ、迷惑も（迷惑）、大迷惑だ。
　　 c　あの人は正直だ。正直も（正直）、しまいには上に馬鹿がついて、他人があきれる始末だ。
　　 d　夜も（夜）、真夜中の３時過ぎです。

のような例で後の（　）内の「北」や「迷惑」等が省略される場合である。この場合は、形の上からだけでは時候の挨拶での「春もたけなわになりました」等の「も」と見分けがつかない。しかし、これも別の「も」による文が、たまたま表現上同じ形になっただけであり、両者は区別されるべきものだと考える。

5.7　その他「ばかり」「だけだ」「までだ」

上に見たものの他に、アスペクト詞「ばかり」、助動詞に近い「だけだ」「までだ」、文副詞の語末の「も」について簡単に見ておきたい。これらのすべてがとりたて詞その他と区別すべきものであるかどうかは、さらに検討が必要だが、一方でとりたて詞等の範疇に含めて良いかどうか疑問のあるものである。

　まずアスペクト詞としての「ばかり」について考える[10]。

(43) a すっかり支度を整えて、出かける<u>ばかり</u>の段になって迷惑な客がやって来た。(直前)
　　 b 今着いた<u>ばかり</u>だ。(直後)

　(43)の「ばかり」は、前接する動詞が示す動作が、それをする直前やそれをした直後の状態にあることを示す。これは先に見た形式副詞ともとりたて詞とも異なる。
　ところで、「だけ」にも次のように「ばかり」と似たものがある。

(44) 食事を済ませ、お風呂に入れ、もう寝かせつける<u>だけ</u>になっていたのに、電話ですっかりぶちこわし、子供は興奮して走り回り…。

　「だけ」の方は、「すべきことが他になく、あとは寝かせること一つが残っている」という意味に受け取れ、まだとりたて詞として解釈できる。また「だけ」は(43a)のように動作の直後の状態を表すことはない。
　こうした「ばかり」「だけ」は「行った―あるいは行う―動作は他になく、その動作一つの状態にある」ことを示し、とりたて詞の限定の意味からの派生と考えられる。ただ「だけ」は動作の直後の状態を表すこともなく、その分化が不完全でとりたて詞の域を出ないもので、「ばかり」はそれよりも分化が進んでとりたて詞から離れたと考えられる。

　「だけ」「まで」にも上に見たものの他、寺村(1981)のいう助動詞に近い次のようなものがある。

(45) 関心なさそうだったので、声をかけるのをやめた　<u>だけ／まで</u>　だ。

　(45)の「だけだ」「までだ」は類義的で、多くの場合、条件節や原因・理由節を伴う文に後接する。また「だけだ」「までだ」の意味的な機能は、それらが後接する文で述べられることが予定あるいは期待する事態以下である

といった話し手の主観的な評価を表すと考えられる。

　因みに寺村(1981)では、述語の確言形(基本形、過去形)に後接し、それらを中心とした節全体を包んで、その内容についての話し手の態度を表す形式を助動詞とする。これに即して考えれば、上の「だけだ」「までだ」は助動詞と考えることも可能である。寺村(1981)では助動詞をさらに「概言の助動詞」と「説明の助動詞」とに分けるが、上の意味から考えて、「だけだ」「までだ」は「わけだ」「べきだ」「のだ」等と同様に「説明の助動詞」に含められるのではないかと思われる[11]。

　ただし「だけだ」は、(45)でも「だけ」が先行の文全体をとりたて、それに対する「他者」、つまり他の事態を否定すると考えることも可能で、とりたて詞「だけ」が文をとりたてた場合と考えることもできよう[12]。

　一方「までだ」は意味の上でも分布の上でも、先に見たとりたて詞や程度の形式副詞等とは隔たりがある。「だけだ」と「までだ」では、「までだ」の方がより助動詞的だと考えられる。

5.8　まとめ

これまでとりたて詞周辺に広がる範疇について、品詞論から見たこれらの語群の特徴と同時に、これらととりたて詞に属する語の連続性について、大まかに考えてきた。同一語形の意味の広がりという視点でとらえた時、とりたて詞の周辺には以下のような範疇が広がっていた。

形式副詞	「まで」「だけ」「ばかり」「くらい」
概数量を表す形式名詞	「だけ」「ばかり」「くらい」
格助詞及び順序助詞	「まで」
並列詞	「など」
形式副詞	「も」
語中あるいは慣用句の一部	「も」
慣用的強調	「も」

アスペクト詞	「ばかり」
説明の助動詞	「だけだ」「までだ」

　また、ここでは扱えなかったが、いわゆる「主題」の「は」と、「対比」の「は」との相違と連続性についても、尾上(1981)、寺村(1991)、益岡(1991)、青木(1992)、大島(1995)、野田(1996)他、多くの研究がある。こうした研究を踏まえて、「対比」の「は」をとりたて詞に含めることの意味、とりたて詞と「主題」の「は」の相違と連続性についても、詳細に考察しなければならないが、これは今後の課題とする。

　さらに、ここでは語形が同一のものについて考察を行ったが、範疇間の連続性は、語形の違うものについても、広く考察を行う必要がある。例えば、並列詞の「か」「やら」等ととりたて詞「など$_1$」「も$_1$」「でも」、あるいは形式副詞の「ほど」「ぶん」等ととりたて詞「だけ」「ばかり」「まで」等の統語論的、意味論的な連続性についても、考察する必要がある。

　とりたて詞とその他の範疇の語の連続性をより深くとらえるには、現代語の共時的考察にとどまらず、各語の歴史的変遷に対する考察、それを補う意味での方言における地理的変異に対する考察を加えて、総合的に考える必要がある。今後、こうした観点からの現代語研究、歴史的研究、方言研究の有機的な連携が必要となる[13]。

注
1　これについては、奥津(1986b)を参照されたい。
2　「など」には、並列詞としてもとりたて詞としても、ほぼ同義の語として「なぞ」「なんぞ」「なんか」があるが、ここではその個々についての詳しい議論は別稿に譲り、「など」についてだけ考察する。
3　「並立接続助詞」は奥津(1986b)で「並列詞」と改められるので、ここでは以下並列詞とする。
4　澤田(1993)の文副詞類の研究は、澤田(1978)で基本的な分析は提示されている。
5　「〜ことに」の機能については、大賀(1992: 24–25)も参照されたい。

6 ただし、「しかも」は、「添加」の意味だけで、「逆接」の意味は持たない場合もある。
7 もしくは名詞転化語形と考えられるかもしれない。
8 ただし、(29c)は古い形として別に扱うべきかもしれない。
9 (41)の「も」についても詳しく考察する必要があるが、これについては保留する。
10 アスペクト詞が品詞の一つとして立てられるかどうかは検討する必要があるが、ここでは便宜的に「アスペクト詞」と呼んで、他の「ばかり」「だけ」などと区別する。
11 詳しくは寺村(1981: 219–311)を参照されたい。
12 安部(1999)は、文末の「だけ」の「限定」が名詞句に後接する「だけ」の「限定」と異なる現象について考察している。
13 青木編(2007)に収められた江口(2007)、衣畑(2007)、小柳(2007)、宮地(2007)は、歴史的変遷に関する研究として非常に興味深い。また沼田・野田(2003)は、とりたてに関して、現代語研究、歴史的研究、方言研究の連携を試みたものである。

第2部　とりたて詞各論

第1章 「も」

1.1 とりたて詞「も」以前―係助詞、副助詞、取り立て助詞など―

「も」はとりたて詞の中でも典型的な語である。一方、従来から係助詞、提示助詞、副助詞あるいは取り立て助詞、とりたて詞として、多くの研究がなされてきた語でもある。そこで「も」については特に、第1部第1章と重なるものの、こうした研究を踏まえ、改めて現代語の「も」について、従来の研究を概観する。その上で、とりたて詞「も」の統語論的特徴、意味論的特徴等を考察する。

品詞論の中で「も」をとらえる場合、「係助詞」「題目の助辞」「提題の助詞」「題助詞」「副助詞」「取(り)立て助詞」「とりたて詞」等の説がある。

上の中、従来「係助詞」とする説が主流で、これは山田（1908）に始まる。山田（1908、1936）は、係助詞を文末の陳述に勢力を及ぼすものとして、副助詞等と区別し、「は」「こそ」「しか」「さえ」「でも」等と共に「も」もここに位置づけた。橋本（1969）も、係助詞の定義の仕方に山田説との違いはあるものの、基本的には山田説と大きな隔たりはなく、「も」を係助詞とする。渡辺（1971）は、山田説に従う形で係助詞をたて、係助詞の「も」を認める。ただし、渡辺（1971）では、陳述に勢力を及ぼさない、副助詞としての「も」「は」をも認めている点で、山田説、橋本説と異なる。いずれにしろ、これらの研究では、「も」が陳述に勢力を及ぼし、連体修飾成分等の要素に

成り得ないことが、「も」の品詞論上の所属の重要な特徴となる。

「題目の助辞」とするのは松下(1930)である。松下(1930)は「も」を、山田(1908)等が副助詞とした語とも一括して提示助辞とした上で、その中の「は」と「も」を題目の助辞とする。ここでは「も」が、「は」と共に叙述の範囲を予定して掲げられ、後続叙述における判断の対象となる題目を提示する機能を持つ語と認められる。「も」を「提題の助詞」とする佐久間(1956、1957)や、「題助詞」とする山崎(1965)も、題目提示の機能を「も」に認める点で、松下(1930)に続くものである。

「副助詞」とする研究には、先の渡辺(1971)や佐治(1975、1985)等がある。渡辺(1971)は、「は」「も」に「副助詞」であるものと係助詞であるものを認めるが、佐治(1975、1985)は、「も」に陳述への勢力や提題機能を認めず、すべての用法にわたる「も」について、それを副助詞とする。ただし、佐治(1975)等では、「も」に、話し手と聞き手の作る場面の中へ新しいものを持ち出す機能を認め、その点で「も」を他の副助詞と区別し、むしろ「は」との共通性を認める。しかし、「は」が全く新しいものを持ち出して、それを主題として提示できるのに対し、「も」は先行の「叙述を前提としてつけ加える(ことのできる)ものを示す」(同 : 150)だけで、主題を提示できないとして、「は」とも区別するのである。

「取(り)立て助詞」とする研究には宮田(1948、1980)、寺村(1981、1991)等がある。宮田(1948)は、「も」の機能を、「句の一部を特に取立てて、その部分をそれぞれの特別の意味において強調する」(同 : 178)「取立て」とし、「も」の「特別の意味」として「追加取立て、連立取立て、その他」をあげる。「も」の機能を「取立て」という概念、用語で表す点で、上記の研究とは異なる。しかし、宮田(1948)の「取立て助詞」は、「だいたい普通の文法でいう「係助詞」に当る」(同 : 179)とされる点では、山田(1908)等の係助詞説にも通ずる。

寺村(1981、1991)は、従来の係助詞と副助詞を一括し、「取(り)立て助詞」とする。寺村(1981)の取り立て助詞は、「…コトを描くに当たって、あるいは描きあげつつ、それの付着する構文要素を際だたせ、そのことによって自

分のコトに対する見方を相手に示そうとする…」(同:55)ものであり、「際だたせる」とは、「それを受けとる聞き手の心の中に呼び起こされる、何らかのほかのモノあるいはコトと「対比させる」ということ」(同:55)である。そして、この取り立て助詞は、「提題」の助詞と「評価」の助詞に二分される。「も」は、「は」「こそ」「さえ」「しか」「でも」「なんて」等と共に前者に含められ、後者には「だけ」「まで」「ばかり」「など」「なんか」等が所属する。寺村説は、「は」「も」等と「だけ」「ばかり」等を一括する点、「も」に提題の機能を認める点で、先の松下(1930)に近いといえるかもしれない。しかし、「も」と共に提題の助詞に含まれる語の内容の点では、山田(1908)等の係助詞説にも通ずる。

　「とりたて詞」とするのは奥津(1974)である。奥津(1974)は、「とりたて詞」について、「概して言えば、まず、これらの意味は「とりたて」である。つまり名詞あるいは副詞を、他の名詞あるいは副詞に対して、他を排してそれのみをとりたてる場合や、それも他と同様であるとしてとりたてる場合や、またごく一般的なとりたての「ハ」などがある。」(同:152)という。奥津(1974)でも、「は」「も」等と「だけ」「ばかり」等の語が「とりたて詞」として一括される点、また、「とりたて」の機能が、とりたてられる要素とそれに対する「他者」との対比的な関係に注目してとらえられる点では、寺村(1981)等に共通する。しかし、奥津(1974)では、とりたて詞一般に題目提示機能を認めない。従って「も」にも題目提示の機能を認めない。因みに、ここでとりたて詞に含められる「は」は、連体文中に収まってしまうようなもので、題目提示の機能を持たないものである。この点は、松下説や寺村説とは異なり、佐治説と近いとらえ方といえよう。

　本書は、基本的に奥津(1974)を支持するが、奥津(1974)の記述の不十分な点も踏まえ、改めてとりたて詞「も」について考察を加える。
　本書第1部第3章で、とりたて詞の機能を次のように定義した。(再掲)

(1)　とりたて詞は、文中の種々の要素を「自者」とし、「自者」と範列的

に対立する他の要素を「他者」とする。そして、「自者」について明示される文である「主張」と、「他者」について暗示される文である「含み」を同時に示し、両者の論理的関係を表す。その論理的関係は、「断定」と「想定」、「肯定」と「否定」のような対立する概念で表される。

「も」もとりたて詞の一つとして、上の機能を持つ。以下にとりたて詞「も」の統語論的特徴、意味論的特徴について具体的に見ていくことにする。

1.2 とりたて詞「も」の統語論的特徴

「も」の中でも、「けれども」「よりも」などは「も」を含む全体で一語と考えられる。「とりもなおさず」「それにつけても」「ともすれば」などの「も」も慣用句の一部である。そこでこれらの「も」はとりたて詞と考えない。

また、次のようなものもとりたて詞からは除いて考える。

（2）a　南も南、赤道直下だ。
　　　b　食いも食ったり、一人で10杯ペロリとたいらげた。
（3）　いやしくも、微生物を研究する以上この問題は避けて通れなかった。

(2)は慣用的強調の「も」であり、(3)は文副詞の主要素となる形式副詞の「も」である。これらについて詳しくは本書第1部5.6に述べた。

以上を除いて、とりたて詞「も」には以下の2種類がある。

（4）　も$_1$：累加
　　　も$_2$：意外

とりたて詞は一般に、1.分布の自由性、2.任意性、3.連体文内性、4.非名詞性の四つの統語論的特徴を持つ。(4)のとりたて詞「も$_1$」「も$_2$」にも、

この四つの統語論的特徴がある。

　分布の自由性とは、格助詞や「と」「や」等の並列詞等の文中での分布が決まっているのに対して、とりたて詞の文中での分布が相当に自由であることをいう。「も₁」「も₂」にも分布の自由性が認められ、名詞のみの連用成分、格助詞を伴う成分に後接する他、次のように副詞句、述語等といった成分にも後接することができる。

（５）　花子は丈夫でも₁ないし、優秀でも₁ない。
（６）　長く続いた車の列は、そろりとも₂進まない。

　ただし、「しか」や「さえ」と同様、「も₁」「も₂」は「だけ」「ばかり」等と比べると述語に後接しにくく、述語のみをとりたてる以外は、名詞句等の後に後接するのが一般的である。
　任意性は、それがなくても文の成立に支障がないこと、つまり文構成上任意の要素であるという特徴を指す。「も₁」「も₂」も任意性があり、次のように文中から「も₁」「も₂」を除いても、文の成立には支障がない。

（７）　彼は山田さんと　　も₁／∅　　仲がよかった。
（８）　彼は親、兄弟から　　も₂／∅　　見離された。

　ただし、次の例では、単純に「も₁」を除いただけでは、非文になってしまう。

（９）　富士山　　も₁／*∅／が∅、かって大噴火を起こしたことがある。

　しかしこの場合は、「も₁」が後接することにより義務的に消去されている格助詞「が」を、「も₁」を除くのと同時に復活させれば、文が成立する。このように（９）の例の「も₁」にも、任意性は認められるのである。
　連体文内性は、とりたて詞が連体修飾成分の構成要素となる特徴を指す。

いわゆる主題を提示する「は」が、連体修飾成分と成り得ないと言われるのに対して、「も₁」「も₂」はこの連体文内性を持つ。次の「も₁」「も₂」は、いずれも連体文内の要素となっている例である。

(10)　君にも₁随分迷惑かけた仕事だけど、あの作品ネ、やっと今日買い手がついたヨ。
(11)　今日は、初心者にも₂無理なくできる庭木の手入れ法をご紹介します。

　非名詞性は、いわゆる準体助詞の「の」のような体言相当の統語論的特徴がとりたて詞にあるか否かを考える際に有効な特徴である。この特徴の有無が特に問題になるのは「だけ」等で、「も₁」「も₂」にはさし当たりそうした問題はないが、勿論非名詞性は認められる。

(12)　筍も₁、この時季に安くておいしいのが沢山出回る。
　　→　a　この時季に安くておいしいのが沢山出回る筍
　　→　b＊この時季に安くておいしいのが沢山出回る筍も₁
(13)　被害者は、自分の名前も₂覚えていなかった。
　　→　a　被害者が覚えていなかった自分の名前
　　→　b＊被害者が覚えていなかった自分の名前も₂

　上の例はいずれも「も₁」「も₂」が非名詞性を持つため連体文を受ける主名詞の一部になれず、bは非文となる。

(14)　誰も₁が寮内の規律をよく守っていた。
　　→　a＊寮内の規律を良く守っていた誰
　　→　b＊寮内の規律をよく守っていた誰も₁
(15)　誰かが寮内の規律を良く守っていた。
　　→　寮内の規律を良く守っていた誰か

(14)は「誰」が不定指示詞であるため、これだけでは連体文を受ける主名詞にはなれないが、「誰も」としてもやはり非文となる。これは、(15)の「誰か」が全体で連体文を受ける主名詞となるのとは対照的である[1]。

なお、「も₁」「も₂」の格助詞や述語への承接については本書第1部第2章で触れた。また、文末制限等については沼田(2002、2003)で若干の考察を行ったが、詳しくは別稿に譲る。

1.3 とりたて詞「も」の意味

1.3.1 「累加」の「も₁」

ここでは、とりたて詞「も」の意味について考える。

まず、「も₁」について考える。

(16) (足の動きに合わせて、)自然に手も₁動かしている。

上の「も」は、「自者」「手」をとりたて、「主張」で「手を動かしている」を真であるとして肯定している。同時に、「含み」で「他者」「足」についても「動かしている」という述語句に対して、「足を動かしている」という文が真であるとして「肯定」する。また「含み」の「他者―肯定」は、「断定」であるため、次のように「他者―肯定」を取り消すような文脈とは共起しない。

(17) *自然に手も₁動かしているが、手以外の部位は動かさないでいる。

そこで、このような「も」を沼田(1986a、2000b)等では「単純他者肯定」の「も₁」とし、本書第1部第3章に従い、4組8個の概念で次のように示した。

(18) 「も₁」主張：断定・自者—肯定
　　　　含み：断定・他者—肯定

　しかし、上の(18)は「含み」について不十分な点があった。ここでは「も₁」の意味を「累加」と修正し、改めてこの点について若干の考察を行う。
　Kato(1985)は、「も」を含む文を肯定文の場合と否定文の場合に分け、次のように一般化する。

(19)　Affirmative sentence with MO
　　　Presupposition：$\exists x \neq \alpha \quad x \in \lambda xF(x)$
　　　Assertion：$\alpha \in \lambda xF(x)$
(20)　Negative sentence with MO
　　　Presupposition：$\exists x \neq \alpha \quad x \in \lambda x \sim F(x)$
　　　Assertion：$\alpha \in \lambda x \sim F(x)$　（以上　同：92、例文番号は筆者）

　これに対し、野口・原田(1994)では、「も」がとりたてる対象を「t」とし、「も」を含む文の意味を次のように表す[2]。

(21)　$P(t) \land \exists x((x \neq t) \land P(x))$　　　　　　　　　（同：3）

　野口・原田(1994)は、Kato(1985)が'Presupposition'とした部分に当たる「$\exists x((x \neq \alpha) \land P(x))$」については、脚注(同：2)で、これを文の意味内容とするか、前提とするか、含意とするかの問題は、棚上げする旨断っている。
　しかしこれはKato(1985)のように前提とする方がよいだろう。野口・原田(1994)のように(21)のみで「も」を含む文の意味を考えると、「他者」に関しては少なくとも一つ、t以外のある「他者」についてPを満たすものがあればよく、「他者」は必ずしもすべてPを満たさなくてもよいことになる。すると、例えば次の例では、「太郎が来た」ことと、「太郎以外の誰か一

例えば次郎—が来た」こと、さらに「他の誰か—例えば三郎—は来なかった可能性がある」ことが、同時に示されることになる。

(22) 〈太郎〉_自も₁来た。

　しかし、これは (22) の意味するところを正確に表していないのではないだろうか。実際に (22) が発話される現実の状況では、「太郎」と「次郎」が来て、「三郎」は「来ない」というようなことがあるかもしれない。だが、その場合も、「も₁」を含む文、さらに言えば「も」が「自者」・「他者」の関係で問題にしているのは、共に「来た」「太郎」と「次郎」とについてであり、「三郎」については問題になっていないと考えられる。
　一般に、とりたて詞文では、とりたてられる「自者」と「他者」は文脈等から想定される同一集合内の要素である。そしてこの集合内は、「自者」となる要素以外はすべて「他者」として一括される、つまり「自者」対「他者」という二項対立の関係になっている。従って、「も」を含む文でも、「他者」の中のあるものについてはとりたてられる「自者」と同様に肯定され、他のあるものについては否定されるというようなことはない。この点で、(21)のままでは不十分だと考えられるのである。
　また (22) は、Kato (1985) に示される通り、少なくとも「も」を含む文の疑問文化によって影響を受けることがない、即ち疑問の対象にならない。次で問われているのは、「太郎が来たかどうか」だけであって、「太郎以外が来た」ことは含まれない。

(23)　太郎も₁来ましたか。

　次に見るとおり、後続文脈で「他者」「太郎以外が来た」ことを取り消すこともできない。

(24)　*太郎も₁来たのに、他の者が誰も来なかった。

さらに「「他者」が来た」ことが前提となっている、つまり「「自者」以外で来た人」だけが、「他者」として前提されているのであるから、現実の状況ではたとえ他に「来ない人」がいたとしても、それは「他者」の中には入らない。

　こうしたことから Kato (1985) を支持するのである。

　一方、佐治 (1985) も、「も」が文中に現れる際の「も」を含む文と前文との関係を詳細に検討し、「も」による「他者」についての言及を「前提」としている。佐治 (1985: 141–150) によれば、「も」はある叙述を前提とし、それにつけ加える、あるいはつけ加えることのできるものを示す、ということになる。阪田 (1971) 等も「…「も」は常にそれと事情の類似しているものが他にもあることを前提として提示するのに用いられる。」(同: 837) として、佐治 (1985) と同様の指摘をする。

　「他者」に関しては、具体的な文脈の中で明示的に現れる場合もあれば、表現面には現れず、文脈から「他者」が何かをくみ取る場合もある。例えば次のようである。

(25)　このクラスでは、〈女子〉自も1 理数科目の成績がよい。

　上では文脈に明示されなくても、「他者」が「男子」であることは容易にわかる。「他者」が明示的に現れる場合でも、次のように「自者」より後に現れる場合もある。

(26)　〈お姉ちゃん〉自も1 我慢したから、今度は〈ボク〉他が我慢するよ。

　しかし、一般的には「他者」は「自者」より前に現れる。次では、(27a) に比べ (27b) は不自然である。

(27)　a　〈ぼく〉他が我慢した。そして、〈お姉ちゃん〉自も1 我慢した。
　　　b *〈お姉ちゃん〉自も1 我慢した。そして、〈ぼく〉他が我慢した。

また佐久間(1956: 223)にも指摘されるように、聞き手には「他者」が全く想定できないような状況、例えば物語の冒頭に突然次のような言い方はできない。

(28)　＊昔々、あるところに、おじいさんとおばあさんも₁いました。

　さて、以上のことから本書でも、「含み」である「他者―肯定」は佐治(1985)等に従い、「自者―肯定」の「主張」に対する前提となっていると考える。また、前提となる「他者―肯定」に加えて「自者―肯定」を主張するのであるから、「も₁」の意味を改めて「累加」とする。ただし、これを先の(18)の「も₁」の意味に組み込むには、他のとりたて詞「だけ」等の意味との関連も考え、とりたて詞全体の意味記述の中で考える必要がある。というのも、(18)のような形式化は、とりたて詞全体の意味を体系的にとらえることを狙ったものだからである。
　しかし、本書ではとりたて詞全てについて、それぞれの「主張」と「含み」をこの観点で再考する余裕はない。そこで暫定的に「も₁」に関する前提を二次特徴として、「も₁」の意味を次のように表しておく。

(29)　「累加」も₁：主張・断定・自者―肯定
　　　　　　　　　含み・断定・他者―肯定
　　　　　　　　　　二次特徴：「含み」は前提

　ところで、沼田(1986a)以降、沼田(2003)に到るまで、とりたて詞「も」には、「も₁」「も₂」「も₃」の3種を認めてきた。しかし、本書では修正して、「も₃」を「も₁」に含めて考えることにする。この点について以下に述べる。

1.3.2　「も₁」の「不定用法」

「も」には、次のように文脈によっては「他者」が現れず、「他者」を具体的に想定しにくい場合がある。

(30) a 春もたけなわになりました(が、お変わり無くお過ごしですか。)
    b 私も何とか無事定年を迎えることができまして、…。
    c お前もサア、もうちょっと気をつけてものを言えよ！

　上に見られる「も」を、先に見た「も₁」や「も₂」と区別し、沼田(1986a: 159–160)では実際には存在しない「他者」を擬制することで表現を柔らげる働きをする「柔らげ」の「も₃」とした。しかし、(30)に見られる「も」のとりたてる「自者」は、文脈によって、直前焦点で「も」の直前の要素と思われる場合も、後方移動焦点で「も」の直前の要素から述語までを含めた範囲と考えられる場合もある。

　例えば、(30a)で「も」は、「春もたけなわになり、夏もたけなわになり…」というように「春」をとりたてるのではなく、「春がたけなわになりました」をとりたてるのであり、これに対する「他者」は、季節や時の推移を感じさせる他の事柄と考える方が自然だろう。一方、(30b)(30c)では「私」「お前」が「も」にとりたてられる「自者」で、「他者」は具体的に誰とは言わないが「私以外の人」「お前以外の人」と考えるのが自然な解釈に思われる。(30)の「も」の場合も、文脈に応じて焦点が変化しているのである。

　とりたての焦点は、「自者」と「他者」の相対的な関係によって決定されるものだから、(30)でも話し手や聞き手が想定する「他者」は存在し、それに見合う形で「自者」の範囲、つまり焦点も変化していると考えなければならない。

　こうしたことから、沼田(1995: 36–40)では(30)のような「も」を、「他者」を擬制するのではなく不定の「他者」を肯定する「不定他者肯定」の「も₃」とし、その意味を次のように表示した。

(31) 「も₃」主張：断定・自者―肯定
　　　　　　　含み：断定・他者―肯定
　　　　　　　二次特徴：他者は不定

しかし、沼田（2000b: 173）で述べたとおり、「も₁」と「も₃」の違いは「他者」が具体的に想定されるか否かという多分に文脈に依存するものである。そこで「も₁」と「も₃」の区別を解消し、「も₃」を、「他者」が不定となる一つの用法—以下「不定用法」と呼ぶ—として「も₁」に含めて考えることにする。

「不定用法」の「も₁」を含む文は、談話の視点から考えると、その文で明示的に述べられる事柄を積極的に相手に伝えようとするのではなく、その後に続く文を発話するためのいわば背景づくりをするような機能を果たすものであることが多い。例えば、

(32)　春も₁たけなわになりました。

は、「春がたけなわになったコト」を積極的に伝えるというより、

(33)　春も₁たけなわになりましたが、その後、お変わりありませんか。

のように、その後に相手の近況を問うような文を続ける、手紙文の冒頭に現れるのが典型的な現れ方であろう。

(34)　a　夜も₁ふけて参りました。
　　　b　夜も₁ふけて参りました。みなさま戸締まり、火の元に気をつけてお休みください。
　　　c　夜も₁ふけて参りましたので、そろそろこの辺でお開きにしたいと思います。

　(34)でも(34a)は(34b)(34c)のような環境で使われることが多い。
　(34b)や(34c)の文では、話し手は(34a)の内容が特に伝えたいのではなく、むしろそれを踏まえて「だからどうだ」と後の文を述べるいわば呼び水的機能を(34a)に果たさせている。

呼び水的機能とは、話し手が相手に、相手の近況を問う必要を自然に感じさせるためや、次の行動を起こさせるための理由づけを行うのに、発話時がそれに見合うだけの十分な状況を備えていることを把握させることである。それには、「春がたけなわになったコト」や「夜がふけたコト」を一件だけ言うより、「他にも、あれもこうだ、これもこうだ」と他に同類の事柄をいろいろ並べる方が効果がある。しかし、思いつくままに複数の事柄を羅列しなくても、「も」を使うことでそれが暗示できれば、その方が表現としては効率的だろう。また、そうすることで「春がたけなわになったコト」、「夜がふけたコト」自体は、他の類似の事柄の中に埋没してしまう。それで、(32)(34a)は「春がたけなわになったコト」「夜がふけたコト」を積極的に伝えず、これらのコトも含めた後続文の背景づくりをするというのである。
　日本語話者に(32)(34a)で「も₁」による「自者」と「他者」を考えてもらうと、「自者」を「春がたけなわになったコト」とし、「他者」を「それと同じように聞き手の身の上に起こった様々なコト」とか、「世間の移り変わりに関わるコト全体」とかと答える人がいる。これも、上に述べたことに通じるものと思われる。この時の「も₁」の「他者」は、何と具体的に特定されず、同類の事柄のかなり漠とした形での総体として存在している。
　次の例も背景作りの機能は果たしていないが、「他者」が漠然と想定される。

(35)　あらア、もう9時過ぎましたか。じゃあ、祝賀会も₁そろそろ終わりですかね。

　また、人によって、あるいは同じ人でもその文が発話された状況によって、想定する「他者」が異なることもある。

(36) a　これ、よっちゃんのランドセルだよ。これも₁、6年間、ほんとに長い間、しーっかり使ったねエ。
　　 b　先生も₁随分髪が白くなられましたね。

(36a)では、「他者」が子供の頃の持ち物の何かだと想定されることもあろう。「よっちゃん」が子供の頃から物持ちのよい子であれば、「他者」は「物を大事に使うことに関わる様々なコト」である場合もある。(36b)も「他者」として、「先生」以外の誰かを想定する場合と、「先生の髪が白くなるコト」に対する他の「時間の経過を思わせる様々なコト」を想定する場合(他の可能性もあるかも知れないが)が考えられる。聞き手が「先生」であるような場合は、前者の可能性が高くなるだろうし、教え子同士が「先生」について噂をしているような場合は、後者の可能性が高くなるように思われる。
　「不定用法」の「も₁」の場合、話し手と聞き手が異なる「他者」を想定する可能性もあるが、話し手はそれを問題にしない。むしろ、話し手は聞き手に、聞き手なりの「他者」の想定を委ねていると言えるかも知れない。「も₁」は、「不定な「他者」」の存在を暗示することで、話し手の考えている以上に多くのことを聞き手に「他者」として想定させたり、「他者」の想定自体を聞き手に完全に委ねてしまうところがあるのである。寺村(1991)の「詠嘆」をはじめ、「不定用法」の「も₁」の意味に「含蓄的表現」等を認める研究が多いのも、こうしたことからくるものではないだろうか。
　なお「不定用法」の「も₁」と後述する「擬似的例示」の「など₁」は、「他者」をぼかして示すことで、次のようにいずれも婉曲的な表現に用いられることがある。

(37)　君　も₁／など₁　この件についてはいろいろ言いたいことがあるんじゃないかね。

　しかし、両者は意味の違いにより、次のような場合、いずれか一方が非文となる。

(38)　a　春　も₁／＊など₁　たけなわになりました。
　　　b　お客様、こちらの品　＊も₁／など₁　いかがでございましょうか。

これは、先に述べた「も₁」の二次特徴とした、「含み」が「前提」であることによるもので、上でも「他者―肯定」の「含み」が「前提」となるのに対し、「など₁」にはそうした「前提」がないためと考えられる。これについては、後の第2部8.2で述べる。

1.3.3 「意外」の「も₂」

次に「意外」の「も₂」について考える。

(39) （彼の放蕩ぶりには）親も₂愛想を尽かした。

上の「も」は「親」を「自者」としてとりたて、「他者」は「親以外」と共に「愛想を尽かした」という共通の述語句に対して肯定している。この点では「も₁」と変わらない。しかし、(39)の「も」は「さえ」と置き換えても文意が変わらず、「親が愛想を尽かす」ことが極端な事態として強調されているように受け取れる。(39)の「も」は次の(40a)を「主張」として断定する一方で、(40b)を「含み」とすると考えられるのである。

(40) a 親が愛想を尽かした。
　　 b 親以外―例えば他人―は愛想を尽かすが、親は愛想を尽かさないと思った。

(40b)では、「親」以外の「他者」はすべて「親以外が愛想を尽かす」と肯定されても、「親」は「親が愛想を尽かす」ことはないと否定されている。つまり「他者―肯定」、「自者―否定」である。ただし、この「自者」、「他者」に対する「肯定」・「否定」は「…と思った」という、「愛想を尽かす」ことの想定におけるもので、「断定」ではない。「断定」ではないから、「主張」の「自者―肯定」と「含み」の「自者―否定」が両立する。一方「含み」の中で、「他者」はすべて「肯定」されても、「自者」だけは「否定」されるという、「自者」、「他者」の「肯定」・「否定」での対立に加えて、「主張」にお

ける「自者―肯定」の「断定」と、「含み」における「自者―否定」との矛盾が、「親が愛想を尽かす」という「自者―肯定」の事柄を強調することにつながると考えられる。他のものはそうでも、これだけは違うと思ったものが、案に相違して他と同じになれば意外さを感じる。意外なものには他のものに対してよりはより強く注意、関心が向けられる。これが「も$_2$」による「強調」につながると考えられるのである。
　この「も$_2$」を「意外」の「も$_2$」とし、その意味を次のように表示する。

(41)　「も$_2$」主張：断定・自者―肯定
　　　　　含み：想定・他者―肯定／自者―否定

　なお、「も$_2$」の「含み」における「他者―肯定」も「想定」であって「断定」ではない。したがって、これと矛盾し「他者―肯定」が取り消される次のような文脈と共起することも可能である。この点で、「も$_1$」とは異なり「他者―肯定」は「前提」でもない[3]。

(42)　(彼の放蕩ぶりには)親も$_2$愛想を尽かしたのに、伯父だけは彼を見捨てなかった。

　この点で、「も$_1$」と「も$_2$」は異なる。「も$_1$」の「含み」の「他者―肯定」は「断定」であるため、上で見たとおり、「他者―肯定」と矛盾するような文脈とは共起できない。
　さらに「も$_2$」の「他者」は文脈中に明示されないことの方が多い。「も$_2$」の「自者」は「想定」で「否定」されるような意外性の高い極端なものであるが、それに対する「他者」は意外性がなく文面から大体予想されるものとして一括される。そこで「他者」は「自者以外のもの」というだけで、あえて提示される必要がない場合が多くなるのだろう。

(43)　緑化運動は首相も$_2$乗り出すほど、力を入れられた。

上でも、政治上最高の地位にある「首相」という「自者」に対し、「他者」は「首相」以外の誰と具体的に明示されなくても、「首相」ほど地位が上でない人々と考えられる。

ところで、先に見た野口・原田(1994)では、「も$_2$」が示す意味は語用論的に導入される解釈によるものとして、「も」の意味には含めない。これと同様の指摘が、寺村(1991)、山中(1991a)、定延(1993)[4]でもなされる。これらの研究、例えば先の野口・原田(1994)では、上の「も$_2$」の意味の中の後半の「自者」、「他者」に対する判断は、文脈中に何らかの形で設定された「自者」、「他者」の間の'scale'を利用して読み込まれるもので、「も」が本来的に表す意味ではないというのである。とすれば、「も」の意味については、「も$_1$」「も$_2$」の区別は必要なくなる。そこで、以下では「も$_2$」の「含み」を再検討する形で、この問題を考えてみたい。

考察にあたって、まず始めに、「自者」、「他者」の間のスケールと、「予想」の中での「自者」と「他者」の「肯定・否定」といった対立的なとらえ方について考えておきたい。

ここでいうスケールに関しては、Givon(1982)、あるいはAkatsuka(1985)の'epistemic scale'や坂原(1986)の「段階の前提」等の研究があるが、「も」の場合に関して、山中(1991a)はこれを「E値のスケール」、定延(1993)は「命題成立可能性スケール」[5]と呼ぶ。また中川(1982)でも、「も」の意味記述に「タテのスケール」という考え方を用いている。この中、山中(1991a)、定延(1993)、野口・原田(1994)では、「も」を用いた表現でスケール上小さい、もしくは最小の値をとるものについての情報を示すだけで、それより大きい値を示すものに対する情報を同時に含意できるとする[6]。

本書でも、「も$_2$」を含む文が発話されるとき、話し手や聞き手に上のような認知的スケールが存在することは否定しない。ただし、このスケールがそのままの形で「も$_2$」の意味と直結しているとは考えない。確かに、実際の発話の場面では、「他者」とされるものが複数ある場合に、その各々が「自者」同様、スケール上に具体的に配置されていることもあろう。しかし、

「も₂」の意味がそうした「他者」同士の間の具体的序列まで問題にしているとは考えられない。「も₂」によって当該スケール上で端的に問題にされる部分、換言すれば、「も₂」により話し手や聞き手がいわば認知的焦点を置くのは、スケール上の「自者」と「他者」の境界の部分だけだと考える。

(44) 彼は努力して、とうとうラテン語も₂理解できるようになった。

　例えば上の例の場合、「自者」「ラテン語」に対する「他者」は、文脈に明示されない限り、「ラテン語」より「理解できるようになる」のが容易である言語と考えられる。それには例えば、「ロシア語」や「ギリシャ語」等を想定することができる。仮に「ロシア語」や「ギリシャ語」を「他者」として、その際「ロシア語」や「ギリシャ語」についても、「理解できるようになる」可能性の高低の序列が問題になるかというと、そうではない。「も₂」は「自者」と「他者」の可能性の高低の差は問題にするが、「他者」の中の個々の要素の序列は問題にしない。個々の発話の場面では、話し手や聞き手のそれぞれが、「ロシア語」と「ギリシャ語」に序列をつけている場合もあろうし、両者を同じく位置づけているかも知れない。それには全く関心がない場合もあろう。実際に話し手や聞き手の間で、両者のどちらが難しい言語と考えられていようと、それは「も₂」の意味には直接関係しない。どちらでもよいのである。
　また、山中(1991a)では、下の例をあげ、次のように言う。

(45) 今年の平安高校は強い。1回戦にも、2回戦にも、3回戦にも勝ち進んだ。
(46) あの先生には、課長も、部長も、専務も、社長もペコペコする。

　　　　　　　　　　　(2例共　同：165、例文番号、下線は筆者)

　これらの例は、「1回戦」「2回戦」「3回戦」や、「課長」「部長」「専務」「社長」のように、要素間の序列が明示的に示される。この場合は、並立す

る「も」のとりたてる各々の「自者」に対する意外さが違い、後にいくほど増す。この意外さの違いを説明するには、「他者」の中の要素間にもE値の大小による序列があり、「も」がこの序列までもその意味の上で問題にしているとする必要があるというのである。しかしこれも否である。

　(45)(46)でも、各々の「も」は(44)と同様で、それぞれの「自者」対「他者」の対立だけを問題にする。後の「も」のとりたてる要素ほど意外さが増すのは、各々の「も」によるのではなく、(45)(46)が「も」の重複構造[7]をなすこと、「1回戦」〜「3回戦」や「課長」〜「社長」が内在的、あるいは外在的な序列をなしていることによる。

　例えば(46)は、

(46′) a　あの先生には、課長もペコペコする。
　　　b　あの先生には、部長もペコペコする。
　　　c　あの先生には、専務もペコペコする。
　　　d　あの先生には、社長もペコペコする。

のように単独の「も₂」の文が重なって重複構造をなしたものである。(46′a)〜(46′d)の「も」がとりたてる「課長」〜「社長」は、すべて「あの先生にペコペコすると予想される度合い」という同一スケール上に並ぶ要素であり、社会一般における平社員から社長までの会社の役職に対する外在的な序列を、話し手や聞き手の認知的なスケール上にそのまま反映させれば、値の大きい方からこの順に配置される。

　しかし、このスケール全体が常に(46′a)〜(46′d)の各々の「も」の「自者」・「他者」間のスケールと重なるわけではない。(46′a)の「も」については、「自者」「課長」とそれより上の値を示す「他者」—例えば「平社員」—の部分だし、(46′b)では「部長」とそれより上の値の「他者」—例えば「平社員」と「課長」—の部分だけで、「専務」や「社長」の序列は問題にならない。(46′a)〜(46′d)の中、役職に対するスケール全体と「自者」・「他者」間のスケールが重なるのは、(46′d)の場合だけである。

また、(46′)の(46′b)～(46′d)の場合、例えば(46′b)では、「も」の「他者」となる「平社員」と「課長」の間に序列が認められるが、これも「も」による序列ではなく、ここであらかじめ前提とされている外在的な序列が認知的スケールにも反映しているに過ぎない。これは次の(47)と比べれば明かである。

(47)　生きているものはみんな友達だ。だから、みみず<u>も</u>、おけら<u>も</u>、あめんぼ<u>も</u>、友達なんだ。

　歌の作詞者に叱られそうな例だが、(47)では「みみず」「おけら」「あめんぼ」に、認知的スケールに反映されるような外在的スケールも内在的スケールもない。そのため場合によっては、三者の間に(45)(46)のような「自者」・「他者」の関係も成立しない。三者が、それらよりは一般的に「友達だ」と考えやすい「他者」―例えば犬や猫―と比べると、皆同程度に「友達」としにくいものと判断されることもあり、そうなればこの三者の間にスケール上「自者」<「他者」に見合う関係が成立しないからである。この場合、各々の「も」に関わる認知的スケールは「みみず」「おけら」「あめんぼ」の各々とこれらの「他者」―例えば、「犬」や「猫」―の間の「自者」<「他者」なるもので、しかもそれらは互いに独立して存在している。さらに、ここで仮に「みみず」等に対する「他者」を、例えば「犬」や「猫」だとしても、その「犬」や「猫」の間にも序列づけは認められない。
　さて、これを(46)に戻して考えると、四つの「も」の中、初めの「も」の「他者」は文中に明示されず、他の「も」は、一つ前の「も」が「自者」・「他者」とするもの全体を、改めて「他者」としているといえる。また、その際も「も」は各々の「自者」対「他者」の対立だけを問題にし、「他者」となる要素間の序列は問題にしていないと考えられる。以上のことは(45)においても同様である。
　このように「も」が(45)(46)のような重複構造をとる場合でも、すべての「も」について、同一のスケール全体が一様に、各々の「も」についての

「自者」・「他者」間のスケールとしてとらえられるわけではない。また、話し手や聞き手が認知的焦点を置くのも、各々の「も」の「自者」となる要素とそれに対する「他者」全体との境界の部分だけである。

ただし、ここでは各々の「も」の「自者」となる要素自体が、同一スケール上に配置されるので、話者は、直前の「も」によって焦点をおいた当該スケール上の部分を、すぐ後の「も」によって取り消し、改めてその「も」の「自者」・「他者」に関し、同一スケール上に新しい焦点を置き直していくことになる。こうした場合話し手は、視点の一貫性からいえば、同一スケール上の一定の方向へ、また情報の重要度から言えば、より意外性の小さいものから大きいものへと焦点を置きなおしていくのが、最も自然なあり方だろう。(45)(46)は、まさにそれに見合う形で各々の「も」がとりたてる「自者」が配置されている。これらの文で、後ろの「も」がとりたてる「自者」ほど意外さが増すのは、そのためである。

実際、(45)(46)の文を次のようにすると、「も₂」の重複構造とは解釈しにくくなり、自然さも落ちる。

(45″) ？今年の平安高校は強い。3回戦に<u>も</u>、1回戦に<u>も</u>、2回戦に<u>も</u>勝ち進んだ。
(46″) あの先生には、社長<u>も</u>、専務<u>も</u>、部長<u>も</u>、課長<u>も</u>ペコペコする。

上の(45″)は「も」がなくても「3回戦に勝ち進んだ」ということで、「2回戦」以下のことは論理的に含意されるので、スケールに関わりのない「累加」の「も₁」と解釈しても、なお不自然さが残る。

以上の考察から、「も₂」を含む文が発話される際の、話し手あるいは話し手が予測する、聞き手の認知的スケールと、「意外」の「も₂」の「自者」・「他者」の関係を、次のように考える。

(48) 「も₂」を含む文が発話される時、「も₂」がとりたてる「自者」と「他者」は、話し手が想定する、あるいは聞き手がそのような認知的ス

ケールを想定するであろうと話し手が予測する認知的スケール上にある。

「自者」・「他者」は、スケール上に「自者」＜「他者」の値をとる形で配置され、話し手あるいは聞き手の認知的焦点は、「自者」対「他者」の境界部分におかれる。その際、「他者」にあたる要素が複数あってもそれらは「他者」として一括され、各要素間のスケール上の序列の如何、有無は問題とならない。

(48)で重要なことは、話し手あるいは聞き手の認知的スケール上で、「自者」としてとりたてられる要素が「他者」である他の要素全体と境界を挟んで対立するということである。また「も₂」の「意外」の意味は、話し手あるいは聞き手の予想を覆して「自者―肯定」が「断定」される事態が起こることから誘発される。このことから考えて、本書では、話し手あるいは聞き手は、当該命題を満たすかどうかの認知的スケール上、「自者」と「他者」の境界を境に、「自者」の側を「否定」の領域、「他者」の側を「肯定」の領域ととらえているとしたい。そこで、(41)の「も₂」は、この認知的スケール上での、「自者」対「他者」の対立関係を表すものとして、「予想」の「自者―否定／他者―肯定」をこのまま設けておく。

ところで、坂原(1986)、山中(1991a)では、「も」による「他者―肯定」は、その「も」が「も₁」と考えられる場合でも「も₂」と考えられる場合でも、取り消し不可能だとする。坂原(1986)等では、「さえ」は、これを文脈により取り消すことができるとし、この点で「も₂」の「も」と「さえ」とは意味が異なるとする。しかし筆者の内省及び観察では、「も₂」による「他者肯定」は文脈により取り消し可能である。

(49) 花子は、のんきな自分にも₂この事情がすぐ飲み込めたのに、他のみんなが揃って合点が行かない顔をしているのが不思議だった。

筆者の内省では、「も₂」を「さえ」に換えなくても、上は自然な文である。

次は坂原（1986）で、「も」を「さえ」にすればよいが、そうでなければ非文となると判断しているものである。しかしこれも、筆者にも筆者が確認した話者にも許容できる文である。

(50) その場所には、他に何も食べるものがなかったので、近藤はねずみも₂食べた。 （坂原1986:65）

また、(50)は「ねずみ」や「も」に卓立が置かれると、さらに許容しやすくなる。これは、卓立を置くことによって、「も」が「意外」を表す「も₂」であることがより明確に認識されるためと考えられる。卓立を置かなければ、「も₁」の解釈もでき、その場合は筆者にしても「他者―肯定」を取り消せないため非文となる。従って、(50)を非文とし、「も₂」による「他者―肯定」は文脈による取り消しができないとする内省は、「他者―肯定」の「含み」が取り消し不可能な「累加」の「も₁」の存在に影響されるためだとも思われる。いずれにせよ、これらの例を許容する人の言語では、「も₂」による「他者―肯定」は取り消し可能となる。また、これは上に見た「も₂」による「他者―肯定」の事態の生起に関する語用論的な含意と矛盾しない。

一方、(49)(50)を非文とする人の言語では、「他者―肯定」の取り消し可能性の点では「も₁」と「も₂」の差がなくなる。また「予想」は、山中（1991a）、定延（1993）、野口・原田（1994）等のように、文脈中に設定された序列により語用論的に導入されたものという説明も可能である。従って、この場合は「も」を一つの語とし、「も₂」の読みは語用論的に導かれるものとすることもできよう。

しかし、これは観察の対象となる言語自体が異なるので、いずれの記述がより妥当かという議論はできない。むしろここでは、異なる言語直感があり、それに応じて二通りの記述を行わなければならないと考える。また、さらに加えるとすれば、今後ここで観察された言語直感が、どのように変化していく可能性があるかを追うことも重要だと考える。筆者が観察した限りでは、(49)(50)を許容する人は、年層では比較的若年層に多く、地域でいえ

ば東京近辺に在住する人に多かった。そこから、「も₂」を認める方が新しく、「意外」の意味を表す場合に「も」が、同じく「意外」を表す「さえ」の領域に徐々に踏み込んでいるのではないかと推測する。ただし、十分なデータで裏付けをとったわけではないので、あくまで推測に過ぎない。

1.4 「も」の重複構造

ところで「も₁」「も₂」には、次のように「も」を一文中に複数並列させる「〜も〜も」という形—これを「も」の重複構造と呼ぶ—がある。

(51) a 太郎も₁次郎も₁親切だ。
　　 b 食事も₂睡眠も₂とらずに一心に勉強している。

　(51a)(51b)はそれぞれ二つの文が縮約されたものと考えられる。例えば(51a)は、次の二つの文が縮約されてできている。

(52) a 太郎も₁親切だ。
　　 b 次郎も₁親切だ。

　「も」の重複構造は並列詞による並列構造とは、次のように明らかに統語論的に異なる。

(53) a 設計も施工も田中工務店に任せた。
　　 　→*田中工務店に任せた設計も施工も
　　 b 設計と施工(と)を田中工務店に任せた。
　　 　→田中工務店に任せた設計と施工(と)

　(53a)の重複構造「設計も施工も」は、これを一つの名詞句相当として連体修飾節の主名詞にすることはできないが、(53b)の「と」による並列構造

は主名詞になる。

　この重複構造が自然にとれるのは「も」だが、「だって」や「さえ」等にも許容度は落ちるものの、重複構造が考えられる。

(54) a　太郎だって、次郎だって、三郎だって、誰だってこの話は知っている。
　　　b　地位さえ、名誉さえ、命さえ投げ出す覚悟だ。

　また、「は」は文を並列できる点で「も」と共通するが、「は」は重複構造はとれない[8]。

(55) a　勉強もできるし、運動もできるし、言うことなしだ。
　　　b　勉強はできるし、運動はできるし、言うことなしだ。
　　　c　*勉強は運動はできるし、言うことなしだ。

　さて、「も」の重複構造には、二つの場合がある。その一つは各々の「も」の「自者」が互いに相手の「他者」でもあり、相互に対応し、それ以外に「他者」が存在しない場合である。

(56)　〈父〉自・他も₁〈母〉他・自も₁健在です。

　上では「両親」という集合の要素である「父」と「母」を二人ともあげ、相互に対応させた上で、共に「健在です」に対して「肯定」している。次の例も同様である。

(57)　〈朝〉自・他・他も₁〈昼〉他・自・他も₁〈夜〉他・他・自も₁、四六時中考えている。

　これらは対応するべき同類のものの集合について、その要素を網羅的にあげる、いわば閉じられた「も」の重複構造であり、これは「も₁」にしか見

られない[9]。
　もう一つは、開かれた「も」の重複構造でこれには「も₁」「も₂」どちらの場合もある。

(58) a 〈花子〉他a／b／c が歌いだすと、〈太郎〉自・他b／c も₁ₐ〈次郎〉自・他c も₁ᵦ〈三郎〉自 も₁c 歌いだし、やがて皆の大合唱になった。
　　 b 〈月曜〉他a／b に続き、〈昨日〉自・他b も₁ₐ〈今日〉自 も₁ᵦ 晴れて、ここ1週間晴れ続きだ。

　上は「も₁」の例である。(58a)では、「も₁ₐ」の「自者」「太郎」に対する「他者」は「花子」であり、「も₁ᵦ」の「次郎」に対する「他者」は「花子」と「太郎」になる。「も₁ᵦ」は「花子」と「太郎」が「歌いだす」のを前提として、それに「次郎」を「累加」するのである。そして最後に「も₁c」が「花子」「太郎」「次郎」という「他者」が「歌いだす」のを前提として、「自者」「三郎」を「累加」することになる。この場合は、閉じられた重複構造と異なり、それぞれの「も₁」がとりたてる要素は、相互に「自者」・「他者」として対応しない。(58b)も同様である。
　次は「も₂」の例である。

(59) a お国のために〈大切な夢〉自・他b も₂ₐ〈命〉自 も₂ᵦ 捧げる。
　　 b 〈寝ること〉自・他b も₂ₐ〈食べること〉自 も₂ᵦ 忘れて一心不乱に勉強した。

　(59a)では、「も₂ₐ」の「自者」「大切な夢」に対する「他者」は、明示されないが「捧げる」対象として考えられるもの一般であり、「も₂ᵦ」の「自者」「命」に対する「他者」は「大切な夢」を含めた「捧げる」対象として考えられるものとなる。
　(59b)では、「寝ること」に対する「他者」は「一心不乱に勉強するために忘れる」と思われること―例えば遊ぶこと―であり、これは文中に明示さ

れない。一方、「食べること」の「他者」は「遊ぶこと」等にさらに「寝ること」も加わる。「も 2a」にとりたてられた時点では、「寝ること」が「その他のことは忘れてもそれは忘れない」と「想定」される「自者」である。しかし、「も 2b」が「食べること」をとりたてる時点では、「も 2b」の「含み」における「想定：自者―否定／他者―肯定」の「自者」は「食べること」であり、その他は全て「肯定」つまり「忘れる」「他者」となるのである。これについては、先述した(45)～(47)の例と同様に考えられる。

「も 2」には閉じられた重複構造はなく、「意外」の「も」が重なるので、全体として強調された表現になる。

1.5　数量詞と「も」

「も」は「一つ」とか「5 人」等の数量詞に後接することがあるが、「も 1」と「も 2」では事情が異なる。

「も 1」が数量詞に後接する場合は、普通、数量詞が一般名詞と同様に扱われている場合である。

(60) a　今日のパーティーには、うわさの二人も 1 やって来た。
　　 b　一度逃げ出せば、50 歩も 1 100 歩も 1 同じことだ。

上の例では「二人」が、「うわさの二人」で例えば「太郎と花子」等と同様にとらえられている。また、「50 歩」「100 歩」は、「50 歩逃げたの」と「100 歩逃げたの」が「同じことだ」とされるのであって、これも一般名詞と同様にとらえられている。

一方、次のような例は、沼田(1986a: 170–172)で「不定他者肯定」の「も 3」が数量詞をとりたてる場合として考えた。

(61) a　この車なら 200 万もあれば買える。
　　 b　そこにはパーティーのお客が 300 人ほどもいたのではないだろうか。

しかし、本書では先述のとおり、「も₃」を「も₁」の「不定用法」としたので、これは修正しなければならない。ただし、上を「も₁」の「不定用法」の例とするのも、なお再考を要する。これについては本書では扱わず、課題にする。

次に「も₂」が数量詞をとりたてる場合について考える。「も₂」が数量詞をとりたてる場合は、その数量が強調される。これは名詞句をとりたてる場合と同じように、「も₂」の「含み」からもたらされる「意外」さによる。

(62) 今日は3人も₂休んだ。

上の例では、数量「3」が予想以上に大きいものとして強調される。これは、「含み」で「3人より少ない人数は休む（「他者─肯定」）と思ったが、3人は休まない（「自者─否定」）と思った」と「想定」されるのに対して、予想に反して、「主張」では「3人休む（「自者─肯定」）」となることによる。次も同様に考えられる例である。

(63) a　立派な絵が5枚も₂掛かっていた。
　　　b　大事な会議に10分も₂遅れてしまった。

ところで(62)(63)の例では、いずれも「自者」が「他者」より大きい数量である。しかし「も₂」が数量をとりたてる場合は、その数量が予想より小さい即ち「自者」が「他者」より小さい場合もある。肯定文の場合は、上に見たように数量が予想より大きい場合に限られる。

曽我(1975)や高橋(1978a)にも上と同様の指摘があり、予想より数量が大きい場合を、曽我(1975)は「最大値の強調」、高橋(1978a)は「大量評価強調」とし、小さい場合を「最小値の強調」、「少量評価強調」とする[10]。

否定文中で「も₂」が数量詞をとりたてる場合は、「自者」が予想より大きい場合と小さい場合がある。以下に見ていく。

(64)　ビールを 20 本も₂注文しなかった。

　上は次の 3 通りに解釈できる。

(65)　a　注文しなかったビールが 20 本も₂ある。　　　(20 本＞予想数量)
　　　b　ビールをたったの 20 本注文することも₂しなかった[11]。
　　　　　　　　　　　　　　　　　　　　　　　　(20 本＜予想数量)
　　　c　ビールを 20 本も₂注文することはしなかった。(20 本＞予想数量)

　否定の作用域と「も₂」の作用域の広狭の違いで、まず(65a)(65b)と(65c)の二つに分けられる。(64)の否定と「も₂」の作用域の広狭を示すため、「も₂」の作用域を(　)で示し、この中に否定辞「ない」が入るか否かで表すと次のようになる。

(66)　a　ビールを(20 本も₂注文しなかった)。
　　　b　ビールを(20 本も₂注文し)なかった。

　(66a)は否定の作用域が「も₂」の作用域より狭く、(65a)(65b)の解釈の場合がこれに当たる。これに対し、(65c)は(66b)のように否定の作用域が「も₂」の作用域より広い。(66b)は「も₂」が肯定述語と共起し、この「も₂」文を否定辞が否定するのであるから、「も₂」に関してだけ見れば事情は肯定文の場合と同じになる。従って、予想数量より「自者」が小さくなることはない。(65a)は曽我(1975)、高橋(1978a)の「最大値の強調」「大量評価強調」、(65b)は「最小値の強調」「少量評価強調」にあたる。(65c)の解釈は、曽我(1975)にはないが、高橋(1978a)で指摘されており、「大量評価強調」にあたる。

　(65a)(65c)は「他者」が「自者」より小さい数量として、(65b)は「他者」が「自者」より大きい数量としての解釈だが、しかし、いずれの解釈にせよ、「も₂」がとりたてる「自者」「20 本」なる数量と「他者」は、「含み」で「他

者―肯定／自者―否定」と「想定」される。「20本」の「強調」は、「含み」の「想定」に反する「自者―肯定」の「主張」からもたらされるものなのである。

　因みに、否定文における数量の大・小に関わる解釈に関して、曽我（1975）は、瞬間動詞と継続性を表す時の副詞が共起する場合は、必ず「最大値の強調」となると指摘する。

(67)　a　戸は3時間もあかなかった。（同 : 34)
　　　b　*戸は3時間もあいた。（同 : 34)

　(67)の瞬間動詞「あく」は、肯定文(67b)では「3時間」と共起しない。従って(67a)の解釈は否定の作用域が「も」の作用域より狭い、先の(65a)と同様の解釈しかできず、「3時間」も「最大値の強調」にしかならないというのである。
　一方、これまでは数量が「1」以上であり、「も₂」が肯定文でも否定文でも数量詞をとりたてることができた。しかし数量が最小の量としてとらえられる「1」や「少し」等の副詞の場合は、肯定文では「も₂」が数量詞や副詞をとりたてることはできない。必ず否定文でのとりたてとなり、全面否定を表す。

(68)　a　学生が一人も₂来ない。（cf*学生が一人も₂来る。）
　　　b　間違いが一つも₂ない。（cf*間違いが一つも₂ある。）
　　　c　一度も₂会っていない。（cf*一度も₂会っている。）
　　　d　少しも₂風がない。（cf*少しも₂風がある。）
　　　e　少しも₂難しくない。（cf*少しも₂難しい。）

　これは次のように考えられる。
　「1」や「少し」は最小の量であるから、それ以下は「0」、つまり存在しない。無である。数学的には「1」の下は「0」や「―1」等の負の数があるが、

自然言語、少なくとも日本語ではこのような数量を対象とし、例えば(68a)に対して次のように言うことはない。

(69) a ＊学生が0人来ない。
　　 b ＊学生が－1人来ない。

　従って「も₂」がとりたてる「自者」「1人」に対する「他者」は、それ以上の「2人」「3人」等である解釈にならざるを得ない。予想数量である「他者」より「自者」が少ない解釈は(66b)について見たとおり、否定の作用域が「も₂」の作用域より狭い場合に得られるものであり、これは「も₂」が否定文中に現れる場合でしかあり得ない。そのため、肯定文中に「も₂」が現れる「＊学生が一人も₂来る」は非文となる。
　また、(68a)での基準述語句は、「X来ない」となり、(68a)の「も₂」に関する「主張」と「含み」は(70a)、(70b)のようになる。

(70) a　1人来ない。
　　 b　1人より多く―例えば2人、3人―は来ないと思ったが、1人は来なくない―つまり来る―と思った。

　(70)から、「自者」「1人」もそれ以上の人数である「他者」も「来ない」ことになり、結局(68a)は「来る学生がいない」という全面否定になるのである。
　以上、「も₂」が数量詞をとりたてる場合について考えたが、曽我(1975)の指摘のとおり述語動詞と数量詞の関係によって、あるいは上に見た最小の量のとりたてのように数量詞自体の特徴によっては、数量の大・小の解釈が決定される場合があるが、その他の場合は曖昧であり、文脈による他ない。

1.6 「も」による条件節のとりたて―「ても」―

1.6.1 「〜て」節のとりたて―「も₁」の場合―
ここでは、「も」による条件節のとりたてについて考える。
　「も」は文中の様々な要素をとりたてられるが、「目的」の「ために」等の形式副詞による要素をとりたてることもできる。次は「も₁」がこれらをとりたてる例である。

(71) a 自分自身のためにだけでなく、〈家族を幸せにするために〉も₁頑張らなくては。
　　 b この人通りじゃあ、今日の稼ぎは〈帰りにちょっと一杯引っかけるほど〉にも₁なりゃしない。
　　 c 学校の授業中だけでなく、〈家に帰ってから〉も₁勉強しなさい。

「も₁」は「〜テ」節をとりたてることもできる。

(72) 既存のデータを見て調べる他に、〈自分で検索ソフトを使って〉も₁調べてみた。

しかし副詞句のとりたてや従属節のとりたてには制限が多く、後接してとりたてることができない場合もある。

(73) a *彼女はよくレッスンを休んだ。家事が忙しいために休んだし、子供が病気になったためにも₁休んだ。
　　 b 彼女はよくレッスンを休んだ。家事の忙しさで休んだし、子供の病気でも₁休んだ。
(74) a *先生によく叱られた。いたずらをしたから叱られたし、遅刻をしたからも₁叱られた。
　　 b 先生によく叱られた。いたずらをして叱られたし、遅刻をしても₁

叱られた。

　(73a)(74a)のように原因・理由を表す「～から」節や「～ために」節に後接してとりたてることはできない。

　ただしこれらは、範列的に対立する「他者」が考えられない「いったい」「やっと」等の陳述副詞の場合とは異なる。「も₁」は「ために」や「から」に後接することはできないが、原因・理由を表す表現をとりたてられないわけではない。(73b)(74b)では格助詞「で」による原因・理由を表す格成分や同じく原因・理由を表す「～て」節に後接し、とりたてている。

　これと似た現象が「と」「ば」「たら」「なら」による条件節の場合にも見られる。「も₁」は「と」「ば」「たら」「なら」による条件節に後接してこれらをとりたてることはない。しかし「～て」節に「も₁」が後接し、「～ても₁」の形でならこれらをとりたてることができる。次のようである。

(75) a 会社の経営面を考えると不可能だったし、技術面を考えるとやはり不可能だった。
　　 b *会社の経営面を考えると不可能だったし、技術面を考えると<u>も₁</u>やはり不可能だった。
　　 c 会社の経営面を考えると不可能だったし、技術面を考えて<u>も₁</u>やはり不可能だった。
(76) a 父が無理をして倒れれば、母を泣かせることになるし、兄が自分の道を諦めれば、それも母を泣かせることになる。
　　 b *父が無理をして倒れれば、母を泣かせることになるし、兄が自分の道を諦めれば<u>も₁</u>、母を泣かせることになる。
　　 c 父が無理をして倒れれば、母を泣かせることになるし、兄が自分の道を諦めて<u>も₁</u>、母を泣かせることになる。
(77) a 翻訳の仕事がやりたかったら山田先生の授業をとった方がいいし、通訳になりたかったら、やはり山田先生の授業をとった方がいい。
　　 b *翻訳の仕事がやりたかったら山田先生の授業をとった方がいいし、

通訳になりたかったら<u>も</u>₁、やはり山田先生の授業をとった方がいい。
c　翻訳の仕事がやりたかったら山田先生の授業をとった方がいいし、通訳になりたくて<u>も</u>₁、やはり山田先生の授業をとった方がいい。
(78) a　和夫が謝罪するなら敦子は受け入れるだろうし、和夫の兄弟が謝罪するなら、それもやはり敦子は受け入れるだろう。
b　*和夫が謝罪するなら敦子は受け入れるだろうし、和夫の兄弟が謝罪するなら<u>も</u>₁、やはり敦子は受け入れるだろう。
c　和夫が謝罪するなら敦子は受け入れるだろうし、和夫の兄弟が謝罪して<u>も</u>₁、やはり敦子は受け入れるだろう。

　(75a)〜(78a)は「仮定条件」の「と」「ば」「たら」「なら」節の例であり、(75b)〜(78b)は非文だが、これとほぼ同義に解釈できる(75c)〜(78c)は正文になる。
　「も₁」が「と」「ば」「たら」「なら」や原因・理由の「ために」、「から」等に後接してとりたてられないのは、文構造上のとりたて詞「も₁」の位置を考える上で重要な現象だが、ここではこの点についてこれ以上触れず、「も₁」による「〜て」節のとりたてについて、もう少し考えて見たい。
　「〜て」節は、付帯状況、逆接、継起、原因・理由、並列等、従属節と主節の表現内容のあり方で様々な解釈ができるが、普通、条件として解釈されることはない。しかし、(75c)〜(78c)に見たとおり、「も₁」にとりたてられることで条件節の解釈を受ける。
　何故、こうした現象が生ずるかは、ここでは明確な議論をする余裕がないが、この他にも「〜て」節は、次のように「対比」の「は」等、他のとりたて詞が後接してとりたてる場合、あるいは、「〜て」節が制限的用法の連体節に従属する場合は、「条件」的な解釈が可能になる。

(79) a　君にこの時期に辞められては、会社が立ちゆかない。
b　心を病んだ彼は、外部との繋がりを一切遮断した環境に身を置いて

だけ、何とか精神の安定を保てる。
　　c　君がやってうまくいかない仕事は、他の担当者に一任して欲しい。

　これらはいずれも「〜て」節が表す事態に対して、これと範列的に対立する他の事態が想定できる環境である。(79a)(79b)は「も」同様、とりたて詞「は」「だけ」にとりたてられることで、「他者」としての他の「〜て」節が想定される。また(79c)は連体節が制限的用法であることで、被修飾名詞「仕事」を修飾する他の事態が想定されることが、間接的に「〜て」節が表す事態に対する他の事態を想定させる。この際、想定される他の事態には、当該の「〜て」節が表す事態を打ち消す事態、つまり「君にこの時期に辞められない」「外部との繋がりを一切遮断した環境に身を置かない」「君がやらない」事態も含まれる。こうしたことと、主節のテンスに関連して、「〜て」節が未実現の事態を表すと解釈される環境等が「条件」的な解釈を可能にすると考えられる[12]。

　ともあれ、先の(75c)〜(78c)や(79a)〜(79c)を見ると、「と」「ば」「たら」「なら」による条件節のとりたてが、「〜て」節のとりたてによって代用できることがわかる[13]。

　なお「も₁」が「〜て」節のとりたてで条件節のとりたてを代用する場合は、先の1.4で見た「も₁」による重複構造により、次のように全ての条件をとりたてて、全面的な肯定や否定を表すことができる。

(80) a　洋服と和服、どちらを着ても₁よく似合う。
　　　b　太郎、次郎、三郎…、とにかく誰がやっても₁うまくいかない。
　　　c　どこにいても₁忘れない。

　因みに、奥津(1984、1985a、1985b)では、「どっち」「どこ」等の不定指示詞[14]は、一種の代名詞で、それが前提とする集合内の複数の項目の具体的な関係は、不定指示詞の後に伴われる疑問文末詞の「か」や並列詞の「か」、とりたて詞「も」「でも」等によって決まるとし、「どっちも」「どこも」

「何も」等はそれぞれ不定指示詞「どっち」「どこ」「何」等にとりたて詞「も」が後接したものと分析する。

(81) （どれ）（も）=
　　　($x_1, x_2, x_3, ... x_n$)（も）=
　　　(x_1 も）(x_2 も）(x_3 も）...(x_n も）

奥津(1985b: 6)では、「どれも」は上のように形式化して示される。また、不定指示詞が「ても [15]」と共起した場合も、同様に次のように示す。

(82) （どれ）〜（ても）
　　　($x_1, x_2, x_3, ... x_n$)〜（ても）=
　　　(x_1 〜ても）(x_2 〜ても）(x_3 〜ても）...(x_n 〜ても）

本書も基本的には上の奥津(1984)等を指示し、これらを「も$_1$」による重複構造の一つと考えるのである。この場合は、前提集合内の要素が全て同等に扱われることになるから「も$_2$」のとりたてとはならない。また、集合内の要素を網羅的に、「自者」・「他者」の関係で相互に対応させるのであるから、「も$_1$」による閉じられた重複構造ということになる。

1.6.2 「〜て」節のとりたて―「も$_2$」の場合―

「意外」の「も$_2$」も「〜て」節のとりたてで条件節のとりたてを代用する。この場合も事情は「も$_1$」と同様である。「*〜とも$_2$」「*〜ばも$_2$」「*〜たらも$_2$」「*〜ならも$_2$」等の代わりに、「〜て」節を「も$_2$」がとりたてるのである。ただし、この場合は、必ず従属節と主節の間に逆接的な意味が読み取れるところに「も$_1$」との違いがある。

(83) （ほめられれば普通、人は怒らないが、）太郎はほめられても$_2$怒る。
　　　cf 太郎はほめられれば怒る。

(83)は、「も₂」が「ほめられて」をとりたてているが、単に他の条件を暗示し、他の場合もそうだが、「ほめられる場合も怒る」というのではない。常識的には「ほめられる」ことは「怒る」とは結びつきにくく、いわば逆接的な関係にある。(83)の「て」節のとりたては、次のように考えることができる。

　(83)の「も₂」の「主張」は「ほめられて怒る」つまり「自者―肯定」の「断定」だが、「含み」は「他者―肯定／自者―否定」の「想定」で、次のようである。

(84)　ほめられる以外の「他者」―例えばからかわれる―なら怒るが、ほめられれば怒らないと思った。

　先に常識的には「ほめられる」ことは「怒る」とは結びつきにくいと述べたが、その常識の内容が(84)ということになる。この「自者―否定」の「想定」が「主張」で覆されることが、逆接につながるのである。なお、ここでの「含み」の「他者―肯定」も「想定」であるから、取り消し可能で、次も成文となる。

(85)　自分のことについて何か言われると、ほめられても₂怒る太郎が、花子にからかわれた時は、にこにこ笑っていた。

1.6.3　逆接接続助詞「ても」について

上では条件節をとりたて詞「も」がとりたてる場合の「〜ても」について考察した。

　「ても」については、従来、一語の逆接接続助詞と認める研究と、「て」と「も」を分け、「も」を逆接接続助詞と認める研究がある。前者は橋本(1969)、時枝(1950)、湯沢(1977)、佐久間(1956)、国立国語研究所(1951)等であり、後者は山田(1922)、渡辺(1974)等である。

　しかし、上で見たように、「ても」が逆接の意味に解釈できるのは、「も」

が「も2」であるためであり、また「も2」の時に限られる。「も1」が「て」節をとりたてる場合は、逆接の解釈はできない。次のような場合を除いて、「が」や「けれども」「のに」等が文脈に関係なく基本的に逆接の意味を表すのとは異なるのである。

(86) a　寒くなりましたが、いかがお過ごしですか。
　　 b　私も行きますけれども、あなたはどうなさいますか。

　次では、(87a) は「のに」があるために逆接の意味に解釈できる。一方 (87b)(87c) は、それぞれの「も」が、「も1」と「も2」の場合で解釈が異なる。逆接の解釈となるのは、「も2」の (87c) だけである。従って全ての「ても」を「が」「のに」等と同様に逆接接続助詞とするのは妥当でない。

(87) a　天気がいいのに洗濯をする。
　　 b　天気がよくても1洗濯をする (し、気分転換したくても1洗濯をする。)
　　 c　(天気がいいと火山灰がとんでくるので、他の人は洗濯などしないが、彼女は) 天気がよくても2洗濯をする。

　また、既に見たとおり、逆接の解釈ができる「ても」も、「て」節の「も2」によるとりたてと考えることで、それ以外の「も1」の「て」節のとりたて、さらには他の従属節や副詞句のとりたてと統一的に扱うことができる。この点でも逆接接続助詞「ても」や逆接接続助詞「も」[16] を認める必要はないと考える。

注
1　「誰か」が全体で主名詞となるのは、不定指示詞と並列詞「か」の統語論的特徴に

よるものだが、これについて詳しくは奥津(1985a)を参照されたい。
2 Kato(1985)、野口・原田(1994)は、「も」の意味ではなく、「も」を含む文の意味としている。「も」のような機能語の意味は、指示対象のある実質語の「意味」とは異なる。その点で慎重に議論すべきではあるが、本書では、「も」が果たす意味論的な機能をも「意味」と考えて、考察を進めることにする。
3 取り消し可能なことから、「も$_2$」の「含み」は前提に対して含意(implicature)ということになるが、とりたて詞の意味記述全体にこうした概念を組み込むには、なお考察の必要がある。そこで、こうした点は保留にし、ここでは「も$_1$」について「前提」を「二次特徴」として示すだけにする。
4 ただし定延(1995)は、ここでの「も$_2$」に当たるものを「意外のモ」とし、「も$_1$」に当たる「基本的なモ」とした上で、両者は「(連続するが)異な」(同:238)るものとしている。
5 定延氏によれば、「命題成立可能性スケール」と「E値のスケール」等は厳密には異なり、この異なりを踏まえ、定延(1995)では、「命題成立可能性スケール」を「事態成立可能性の推し量り」とする。
6 ただし、定延(1995)では、本稿でいうスケール上の「自者」の値と「他者」の値の関係に関わる記述で、「言表事態の実現可能性が類似事態の実現可能性より相対的に低いのみならず、絶対的に低いこと(例えば「中学生は合格するまい」といった予想を話し手が持ち、結果として実現した中学生の合格を意外と感じること)を要求するモがある。この要求は基本的なモからは説明できないが、意外のモ要求としてなら説明できる。」(同:239-240)としている。
7 「重複構造」については本章1.4で後述する。
8 この点は「は」「も」のみに重複構造があるとした沼田(2000b:173)の記述を修正する。
9 「何も」「誰も」等、不定詞に「も$_1$」が後接したものも、「も$_1$」の重複構造の一つと考えられるが、これについては1.6.1で触れる。
10 この他、定延(1995)でも認知言語学の観点から「も」の多義性を考察し、数量表現に後接する「も」についても考察している。
11 (64)の場合(65b)の解釈は出にくいかもしれない。しかし、述語が「できなかった」等可能述語になり、ここでの「ビール」のように数量詞が数量を表す主たる名詞句がガ格で現れたり、主題化されるとこの解釈が出やすくなる。
(1) ビールが/は 20 本も$_2$ 注文できなかった。
(2)a 寄付金を 10 万円も$_2$ 集めなかった。
　 b 寄付金が/は 10 万円も$_2$ 集まらなかった。
ただし、これが何故かについては、ここでは触れられない。
12 この点についてもさらに考察し、明確にすべきだが、これは別稿に譲る。
13 沼田(1986b:(26))ではこの「～て」を「と」「ば」「たら」「なら」による条件節の「交代形」としたが、これは「～て」節による代用と考えておけばよいだろう。

14 奥津 (1984) 等ここでの一連の研究では、不定指示詞が「不定詞」とされているが、後の研究では「不定指示詞」と改められる。
15 ここでの「ても」を奥津 (1984) 等は「いわゆる逆接の接続助詞」とするが、これは支持しない。この点に関しては 1.6.2、1.6.3 で述べる。
16 現代語に認められる「逆接接続助詞」の「も」については、本書第 1 部第 5 章 5.6.3 を参照されたい。

第 2 章 「まで」

2.1 4種の「まで」

「まで」にはとりたて詞「まで」の他に、格助詞、順序助詞、助動詞等の「まで」があるが、これらはとりたて詞「まで」とは統語論的、意味論的特徴が違う。とりたて詞以外の「まで」については本書第1部第5章で述べたが、改めて以下に、それぞれの「まで」について概観しておく。
　格助詞の「まで」は次のようなものである。

（1）a　ご不明の点は、何なりと係りまでお問い合わせください。
　　 b　来週、仕事でニューヨークまで行く予定だ。

格助詞は文構成上必須の要素で、任意性がなく、また分布も名詞句の後に制限される点で、とりたて詞と異なる。
　次は順序助詞の「まで」である。

（2）a　平日の2時から4時までが、平日一般会員の利用時間です。
　　 b　一気に押し寄せた水は、大人の腰の高さまであった。
　　 c　店を開店するまでと開店した後では、生活が一変した。

順序助詞は格助詞との相互承接、述語句への後接の他、名詞句、述語句に後接して「まで」を含めた全体で名詞句として機能し、連体修飾を受けるこ

とができる点で、格助詞、とりたて詞と異なる。
次は形式副詞の「まで」である。

（3）a　その信仰告白は残虐な<u>まで</u>な写実主義につらぬかれた。
　　　b　彼は自らのライフスタイルを頑なな<u>まで</u>に守り続けてきた。
　　　c　彼の作品は、樹脂により本物と見間違う<u>まで</u>巧妙に彩色されている。

常に補文をとって全体で副詞句を形成する形式副詞の「まで」は、副詞句の主要素のため任意性や分布の自由性は持たない。この点でとりたて詞とは異なる。

さて、上ではとりたて詞以外の「まで」について概観した。次では、とりたて詞「まで」の構文論的特徴、意味論的特徴について考察する。

2.2　とりたて詞「まで」の統語論的特徴

次がとりたて詞「まで」の例である。

（4）a　更に、特売をするという珍現象<u>まで</u>が起こった。
　　　b　妹の百合姫に男装<u>まで</u>させた。
　　　c　釣りを趣味の第1位に<u>まで</u>引き上げた。

まず、「まで」もとりたて詞の一般的な統語論的特徴を備えている。例えば(4a)が次のように「まで」を除いても文としては成立することから、任意性があることがわかる。

（4'）a　更に、特売をするという珍現象Øが起こった。

分布の自由性についても、(4a)(4b)のように名詞句に直に後接したり、

(4c)のように連用成分に後接したりする。
　ただし、「まで」が名詞句をとりたてる場合は、多くの場合、次のように格助詞の前よりは後接する方が安定する。

（5）a　取材のために、相手の仕事場　*までに／にまで　押し掛ける。
　　　b　得意先　?までと／とまで　トラブルを起こすような営業マンは失格だ。

　本書第1部第2章2.1.1でも述べたが、試みに、『CD-ROM版新潮文庫の100冊』に収められた作品中、安部公房「砂の女」、阿川弘之「山本五十六」、赤川次郎「女社長に乾杯」、芥川龍之介「羅生門」、有島武郎「小さき者へ」、有吉佐和子「華岡青洲の妻」、太宰治「人間失格」について調べたところ、「まで」が格助詞に前接する例は、「が」に前接する例20例があるのみに対し、後接する例は「にまで」20例、「とまで」1例、「からまで」4例、「でまで」1例であった。この点で「まで」は、同じく格助詞の前に現れ得る「だけ」や「ばかり」と異なる。
　ともあれ、「まで」の分布はかなり自由で、次のように副詞句や述語に後接することもできる。

（6）a　我が子の命を賭けてまで正義を守ろうとする。
　　　b　校長の、それも私的な席でのほんのちょっとした失言をP.T.A.の会議の議題にとりあげまでする彼のやり方は、とても賛成できない。

　先の(1b)を次のように連体修飾構造にしても不自然にならないことから、連体文内性があることもわかる。

（1）b　妹の百合姫に男装までさせた。→
　　　　妹の百合姫に男装までさせた藩主

(1b)の「男装まで」を主名詞にした連体修飾構造ができないことから、非名詞性もあることが確認できる。

（１）b　妹の百合姫に男装までさせた。→
　　　　＊妹の百合姫にさせた男装まで

　なお、「まで」は格助詞に前接できる語ではあるが、「だけ」や「ばかり」等ほど自由に前接できるわけではない。一方、文末制限等では、類義的な「も₂」「さえ₁」「すら」「だって」等と異なる点がある。これらについては、格助詞や述語への承接については本書第１部第２章、文末制限等については沼田（2002、2003）を参照されたい。

2.3　とりたて詞「まで」の意味

次に「まで」の意味について考える。
　とりたて詞「まで」は「意外」の「も₂」や「さえ₁」と置き換えられる場合が多い。こうしたことから沼田（1986a: 188–189）では、「まで」の意味を「意外」の「さえ₁」と同じに表示した。しかし、これは修正しなければならない。以下に改めて「まで」の意味を考える。

（７）a　昨日は、あの太郎までここにやって来た。
　　　b　あの病院は、病気と無関係の検査まで行う。
　　　c　一度ひねくれてしまうと、他人の善意まで自分へのあてつけに思えてくる。

　（7a）の例で考えると、この文の主張は次のとおりである。

（８）　あの太郎がここにやってきた。

「自者」「太郎」を「ここにやって来た」に対し「肯定」する「自者―肯定」の「断定」である。一方(7a)は「太郎」以外の「他者」も「ここにやって来た」ように読みとれる。そこで含みにおいて、「他者」も「肯定」されると思われるのだが、この際の「他者―肯定」は、「さえ₁」のように想定ではない。

(9)　*あの太郎<u>まで</u>ここにやって来たのに、他の人が誰もやって来なかった。
　　cf.　あの太郎<u>さえ₁</u>ここにやって来たのに、他の人が誰もやって来なかった。

　(9)のように、(7a)に「他の人が誰もやって来なかった」と「他者」を「否定」する文を後続させると、不自然になる。(9)では「他者―肯定」が取り消しできないのである。(9)のような場合の文法性の判定は揺れることが多いのだが、これを非文と判定する方が大勢のようである。そこで「まで」の場合、「含み」における「他者―肯定」は「断定」と考えなければならない。この点で「まで」と「さえ₁」の含みは異なる。「まで」の「含み」における「他者―肯定」が「断定」であることは次のような例文でも確認できる。

(10)　今大会初出場ながら、A高校は優勝候補の一角という前評判にも拘わらず、結果は、怪我のためエースを欠いた初戦の相手のB高校に*<u>まで／さえ₁</u>　敗れてしまった。

　(10)では「さえ₁」はよいが「まで」を使うと不自然になる。これも上で見たのと同様、含みにおける「他者―肯定」が、「さえ」が「想定」であるのに対して、「まで」が「断定」であるという違いによる。「A高校」は「初出場」であるから、「敗れる」にしても「勝ち残る」にしても、戦う可能性のあるのは「今大会」の「初戦」だけである。つまり(10)の文脈では、現実には「B高校」以外の「他者」に「敗れる」ことはないのである。そこで、「含み」における「他者―肯定」が「想定」である「さえ₁」は自然だが、「他者―肯定」を「断定」とする「まで」は不自然になるのである。

「まで」の「含み」では「他者―肯定」が「断定」とされるがそれだけではない。先に述べたように、「まで」は「意外」の「も₂」や「さえ₁」と類義的である。これらの類義性は「自者」が「肯定」されることが意外であるというように、「自者」が否定的にとらえられるところにある。そこで、「まで」の「含み」でも「自者」が何らかの形で否定的にとらえられていると考えられる。

因みに寺村(1991: 123)では、「まで」と「さえ₁」の違いについて次のように言っている。

> 「XまでP」と「XさえP」の意味の違いはなかなか複雑であるが、基本的には、前者では、XがPと結びつく名詞の集合のなかの、中心から最も離れたところにあるという含みをもたせつつも、そのメンバーとして捉えられているのに対し、後者では、XがふつうはPと結びつく名詞の集合の外にあるものとして捉えられている、という点であろうと思う。

また中西(1995: 310)では、「まで」は「さえ₁」と異なり、「自者」だけでなく「他者」もある程度の意外性を伴ったものとしてとらえられると指摘される。

(11) a あゆみは、毎日子供のパンツにまでアイロンをかける。(同: 310)
　　 b 素人に {a. も／b.?マデ／c. サエ・スラ} わかる不動産投資。(同: 310)

中西(1995: 310)は(11)の例をあげ、(11a)では「子供のパンツ以外にもアイロンをかけることが意外だと思われるもの(タオル、フキン)があるがそれらは許容範囲のもので、取り立てた「自者」「子供のパンツ」は常軌を逸した意外性を伴うことを表す」という。また、(11b)で「まで」が不自然になるのは、「自者」「素人」以外の「他者」である程度の意外性を伴う存在

がないからだとする。
　寺村(1991)、中西(1995)の指摘は微妙に異なるのだが、両者の指摘に共通するのは次の二点である。

(12) a　「まで」がとりたてる「自者」と「他者」は「肯定」・「否定」で二項対立するものではなく、「肯定」される可能性の序列の上に連続的に配置される要素であること
　　 b　「自者」は序列上の最下限にあること

　上を踏まえて、もう一度(7)に戻って考えよう。

(7) b　あの病院は、病気と無関係の検査まで行う。（再掲）

　例えば(7b)を見ると、次のような解釈ができる。

(13)　当たり前の医療は当然行うが、その上に、例えば必要以上の投薬や必ずしも必要でない検査を行うといった行き過ぎの医療行為を重ね、そのあげく、最終的には病気と無関係の検査を行うという不正行為に至る。

　(13)では、病院が「行う」と思われる医療行為について、「種々な当たり前の医療から種々な行き過ぎの医療まで」が「他者」として序列をなしその序列上の最も極端なものとして「自者」「病気と無関係の検査」がある。

(14) a　就職難の波が大工の世界にまで押し寄せている。
　　 b　抽出しの中まできちんとしておかなければ気が済まない。

　もう詳しくは見ないが、(14)の例などについても同様なことが言えよう。「まで」における序列上の「自者」と「他者」の連続性は、「まで」という

形式が［到達点］を表す格助詞や範囲の終点を表す順序助詞でもあることと無関係ではないだろう。ともあれ、こうしたことから「まで」は、とりたてる「自者」とそれに対する「他者」が序列上にあり、「自者」はその最端にあると「想定」することを意味すると考えられる。これは同じ「意外」の意味の「も$_2$」や「さえ$_1$」には見られない特徴である。

「も$_2$」や「さえ$_1$」も具体的な例文で見ていくと、文脈から「自者」と「他者」の間に何らかの序列の存在が認められる場合が少なくない。少なくとも「まで」と置き換え可能な「も$_2$」や「さえ$_1$」の例文には「自者」、「他者」の間に序列が存在するはずである。そうしたことから、これらの意味記述に「自者」、「他者」間の序列を導入する研究も少なくない。(坂原(1986)、山中(1991)、定延(1993)、野口・原田(1996)等) しかし、「さえ」は仮に文脈上「自者」と「他者」が何らかの序列の上にあったとしても、その序列を問題にせず、結局のところ、「自者」が「否定」される側にあり、「他者」が「肯定」される側にあるという対立にだけ焦点をあてる[1]。これは寺村(1991: 123)でも「さえ」がとりたてる「XがふつうはPと結びつく名詞の集合の外にあるものとして捉えられている」というように指摘されること、上に見る通りである。

以上のことから、「意外」の「まで」の意味を次のように形式化して表示する。

(15)　「まで」主張：断定・自者―肯定
　　　　　　　　含み：断定・他者―肯定
　　　　　　　　　　　想定・自者―否定
　　　　　　　　二次特徴：自者は自者・他者で構成する序列上の最端要素

2.4　「まで」と「さえ$_1$」

「意外」の「まで」と「さえ$_1$」は、類義的ではあるが上に見たとおり、違いがあった。

この違いから、「まで」は実際の事の積み重ねによる事態の進展や状況の程度に注目する文脈で使われ、逆に「さえ₁」は、それが問題にならない、あるいはできない文脈で使われる傾向にある。前者の場合の(16a)(16b)では、「まで」がより自然であり、後者の場合の(16c)(16d)では、「まで」は不自然になる。

(16) a 不動産投資で成功した田中は、徐々に手を広げ、やがて危険な先物取引に まで／?さえ₁ 手を出していった。
　　 b 事業を興し、巨万の富を築き、名声 まで／?さえ₁ 勝ち得た。
　　 c 深い哀しみというのは涙という形をとること *まで／さえ₁ できないものなのだ。
　　 d 隣のベッドからは物音一つ聞こえなかった。病人は寝返り *まで／さえ₁ 打たずに、じっとしているらしかった。

　また否定文に現れた場合、「さえ」と「まで」では解釈が異なる場合がある。これは主節に現れる際に「さえ」は常に作用域内に否定辞を含む解釈になるのに対し、「まで」は作用域内に否定辞を含む解釈と含まない解釈が可能であることによる。
　次の(17a)は「まで」の作用域が否定の作用域より広い解釈、つまり「親にまで話すというのではない」という解釈と、否定の作用域より狭い解釈、即ち「親に話さないということまでする」という解釈の二通りの解釈が可能である。これに対し、「さえ₁」は否定より作用域が広い「親に話さないということさえ₁する」という解釈しかできない。

(17) a 親にまで話さない。
　　 b 親にさえ₁話さない。

　また同様の理由で、次の(18)では「さえ₁」を使うと不自然な意味になる。

(18) 他人の夫婦げんかに ?さえ₁／まで 口を出さない。

注
1　これについては第 2 部第 1 章 1.3.3 を参照されたい。

第 3 章 「さえ」「すら」

　「さえ」と「すら」は類義性の高い語であり、統語論的特徴も共通性が高い。そこで、ここでは「さえ」を中心に考察を加え、必要に応じて「すら」についても触れることにする。

3.1　2 種の「さえ」

「さえ」もとりたて詞の一つである。ただし、「さえ」はその意味から、「意外」の「さえ₁」と常に条件節中に現れる「最低条件」の「さえ₂」に分けることができる。

（1）a　雑巾さえ₁満足に縫えない。
　　 b　自らの不注意に猛烈な自己嫌悪さえ₁覚えていた。
　　 c　深刻な金融危機を眼前にして、財政・金融の分離問題にさえ₁まだ最終的な結論を出せないでいる。
　　 d　これさえ₂あれば、百人力だ。
　　 e　彼なら、問題点さえ₂わかれば、自分で修正できる。
　　 f　条件さえ₂合えば協力は可能になる。

　上の (1a) ～ (1c) が「意外」の「さえ₁」の例であり、(1d) ～ (1f) が「最低条件」の「さえ₂」の例である。以下、それぞれの統語論的特徴と意味論的特徴を見、その後に再度、「さえ₁」と「さえ₂」の二つの「さえ」を認め

る点について触れる。また、「さえ₁」「さえ₂」と「すら」の近現代語における使用実態について述べる。

3.2 「意外」の「さえ₁」

3.2.1 「さえ₁」の統語論的特徴

「意外」の「さえ₁」はとりたて詞であり、とりたて詞としての一般的な四つの構文論的特徴を持っている。

（2） a　何日もの間、雨はポツリとさえ₁降る気配がなかった。　（副詞句）
　　　b　彼は記者会見で公然と大統領の暗殺の可能性をほのめかせさえ₁した。（述語）

　分布の自由性があり、(1a)のような名詞句にも、(2)のように副詞句や述語にも後接する。
　ただし数量詞には、「も」や「だけ」ほど自由に後接しない。「さえ₁」が数量詞に後接するのは、否定文中で数量を予想よりも下回る量としてとらえる場合である。

（3） a　資金は、わずか300万さえ₁調達できずにいた。
　　　b　*観客は100人さえ₁入った。
　　　　cf.　観客は100人も入った。

　下の例で見るように、任意性も認められる。

（4） a　それ以来、毎日通っていた碁会所に　さえ₁／∅　ぷっつり行かなくなった。
　　　b　高校生が教師の目の前で　さえ₁／∅　平気でタバコを吸う。

第3章 「さえ」「すら」　173

次の(5)のように連体文内性も、(6)のように非名詞性も認められる。

(5) a　現状では、研究のための基礎資料さえ₁入手できない。
　　 b　研究のための基礎資料さえ₁入手できない現状
(6) a　彼は自分の存在そのものさえ₁消し去ろうとしている。
　　 b　*彼が消し去ろうとしている自分の存在そのものさえ₁
　　　　cf. 彼が消し去ろうとしている自分の存在そのもの

なお、「さえ₁」の格助詞や述語への承接については本書第1部第2章を、文末制限等については沼田(2002、2003)を参照されたい。

3.2.2　「さえ₁」の意味

「意外」の「さえ₁」の意味は、本書第1部第3章でも述べたが、以下に(1a)を例に改めて考察する。

(1a)の「さえ₁」は、「雑巾」を「自者」としてとりたて、次の(7a)を主張とし、(7b)を含みとすると考えられる。

(1) a　雑巾さえ₁満足に縫えない。(再掲)
(7) a　雑巾を満足に縫えない。
　　 b　他のもの—例えば着物—は満足に縫えないが、雑巾は満足に縫えると思った。

(7a)では、述語が否定述語なので注意が必要だが、「自者」・「他者」についての述語句に対する「肯定」・「否定」の関係はこれまでと同じである。
「自者」「雑巾」が「満足に縫えない」という否定述語句に対して「肯定」されているから、「主張」は「自者—肯定」である。一方「含み」では、「他のものは」は「満足に縫えない」と「肯定」されると同時に、「自者」「雑巾は満足に縫える」つまり「縫えなくない」と「否定」される。そこで、「他者—肯定・自者—否定」である。

ただし、これは話し手の「断定」ではなく、「…と思った」内容である。「想定」であって「断定」ではないから、「含み」の「自者―否定」は(1a)の「自者―肯定」を「断定」する「主張」とも矛盾しない。「他者―肯定」も同様に「断定」ではないため、次のように「着物が縫い上げられた」と「他者―否定」を「断定」する後続の文とも矛盾なく共起できる。

（8） 雑巾さえ満足に縫えない彼女に、ちゃんと着物が縫い上げられたことが、みんなにはどうしても信じられなかった。

以上のことから「意外」の「さえ₁」の意味を次のように表示する。

（9） 「さえ₁」主張：断定・自者―肯定
　　　　　　　含み：想定・自者―否定／他者―肯定

なお、「すら」は「さえ₁」とほぼ同義で、(1a)は次のように「すら」を使って言うこともできる。

(1′) a　雑巾すら満足に縫えない。

「すら」は、「さえ₁」よりもさらに文章語的であり、衰退の傾向にあるとされるが、近現代語における「さえ₁」と「すら」の使用実態について、後の3.5で述べる。

3.3　最低条件の「さえ₂」

3.3.1　「さえ₂」の統語論的特徴

次に「最低条件」の「さえ₂」の統語論的特徴について考えたい。「さえ₂」の大きな特徴は、常に「～ば」「～たら」「～なら」「～と」の条件節中に現れる点である。

(10) a　いい米と情熱さえ₂あれば、いい酒ができるのです。
　　 b　奴らさえ₂いなかったら、俺はこんなにも不安を覚えなかっただろう。
　　 c　当人さえ₂承知なら、ここへ引き取って一緒に暮らしてもいい。
　　 d　このクラスは大庭さえ₂いないと¹、とてもいいクラスなんだが。

　(10a)のように「〜ば」節に現れるのが一般的だが、(10b)〜(10d)のように他の条件節中にも現れる。
　とりたて詞としての一般的な四つの統語特徴も持っている。

(11) a　気象条件さえ₂良ければ、いいレースができる。(名詞句)
　　 b　気持ちがしっかりとさえ₂していれば、何が起きても大丈夫だ。(副詞句)
　　 c　容態が落ち着きさえ₂すれば、明日にでも一般病棟に移れる。(述語)

　分布の自由性を持ち、(11a)のような名詞句にも、(11b)(11c)のように副詞句や述語にも後接する。
　ただし数量詞への後接は「さえ₁」以上に制限が強く、基本的に後接しない。

(12) a　*1度さえ₂聞けば、わかる。
　　　　　cf. 1度だけ聞けば、わかる。
　　 b　*資金が300万円さえ₂あれば何とかなる。
　　　　　cf.資金が300万円だけあれば何とかなる。

　「さえ₂」が数量詞に後接する(12a)、(12b)は非文となる。
　次の例で見るように、任意性も認められる。

(13) a 試験に　さえ₂／∅　受かれば、入学できる。
　　 b あなたと　さえ₂／∅　組めれば、私たちは最高の仕事ができる。

　次の(14)のように連体文内性も認められる。

(14) a 資金さえ₂集まれば、すぐに立ち上げられる仕事
　　　　cf.*資金は集まれば、すぐに立ち上げられる仕事
　　 b 具体的な活動内容さえ₂分かれば、いろいろな点で支援可能な企画
　　 c 手術さえ₂すれば治る病気

　「さえ₂」は条件節中に現れるので、非名詞性の有無を測るのは難しいが、下のような例を見る限り、非名詞性も認めることができる。

(15) a その薬さえ₂一口飲めば、たちどころに病気が治る。
　　 b *一口飲めば、たちどころに病気が治る薬さえ₂
　　　　cf.一口飲めば、たちどころに病気が治る薬

　なお、「さえ₂」の格助詞や述語への承接、文末制限等については本書第1部第2章、沼田(2002、2003)を参照されたい。

3.3.2 「さえ₂」の意味

「さえ₂」は条件節の中にあり、その条件節は主節で述べられる後件成立のための「最低条件」として解釈される。

(16)　彼さえ₂仲間にすれば、プロジェクトは成功する。

　(16)の「さえ₂」が直前焦点をとると解釈する場合、「さえ₂」のとりたてる「自者」は「彼」であり、「他者」は「彼以外」になる。(16)の意味は次のように解釈できる。

(17) a　彼を仲間にすれば、プロジェクトは成功する。
　　 b　彼以外を仲間にすれば、プロジェクトは成功する。
　　 c　彼を仲間にすることは、プロジェクトが成功するための最低条件である。

　(17b)(17c)は多少冗長だが、要は次のようなことである。「プロジェクトが成功する」条件となるのは「彼を仲間にすること」(17a)、あるいは「彼に加えて彼以外を仲間にすること」、「彼に代えて彼以外を仲間にすること」(17b)であり、後二者は「彼を仲間にすること」より強力な条件となる[2](17c)。そして(17b)(17c)から当然の帰結として、「彼を仲間にする」条件を満たせば、「彼以外を仲間にする」必要はないことになる。
　ここで、(16)に戻り「さえ2」の「主張」と「含み」を考えてみたい。「さえ2」の「主張」は(17a)の「彼を仲間にす(る)」であるが、この文が述べる事柄は単なる事象ではなく、後件成立の条件としてとらえられる。従ってこの場合は、「彼」について「彼を仲間にする」という文が述べる事柄が後件成立の条件となるとして「肯定」される。その意味での「自者―肯定」である。一方「含み」は(17b)(17c)から次のように考えられる。「他者」「彼以外」を「仲間にする」ことは条件として排除されず「他者―肯定」である。ただしこれは必要ないから、いわば「他者―不要」である。

(18) a　それを実行しさえ2すれば、万事うまくいく。
　　 b　ここからさえ2脱出できれば、何とかなる。

　上の例も、もう各々について詳しくは見ないが、(16)と同様に考えられる。
　そこでこの「さえ2」の意味を「最低条件」と呼び、次のように表すことにする。

(19)　「さえ2」主張：断定・自者―肯定

　　　　　含み：断定・他者―不要
　　　　　　二次特徴：「肯定」「不要」の判断は後件成立の条件として

　上で見たとおり、条件節内に分布しながら、意味の上では条件のとりたてになっている点で、「さえ₂」は他のとりたて詞とは異なり、これが「さえ₂」の大きな特徴といえる[3]。

　なお、「最低条件」の「さえ₂」は「だけ」と置き換えが可能な場合がある。(16)も、

(16′)　彼だけ仲間にできれば、プロジェクトが成功する。

のように言っても、ほぼ同義に解釈することが可能である[4]。次も同様である。

(20)　a　社宅　さえ₂／だけ　あれば、仕事がきつくても勤める。
　　　b　役柄　さえ₂／だけ　気に入れば、ギャラが安くても出演する。
　　　c　先方の課長に　さえ₂／だけ　話を通しておけば、あとは何とかなる。

3.4　「さえ₁」と「さえ₂」

「さえ」には「意外」の「さえ₁」と「最低条件」の「さえ₂」があることを見てきたが、両者を認める必要性について、以下でもう一度確認しておきたい。

(21)　学校に行けさえするなら、喜んで働きます。

　(21)はこれだけ見ると、まず次のように解釈できるだろう。

(22) 他のことはできなくても、学校に行くことができるなら、それだけで喜んで働く。

(22)は、「さえ」を「さえ₂」とする解釈である。ところが、(21)は次のような文脈に置かれると別の解釈ができる。

(21′) 住み込みだから食、住の心配はない。それどころか十分な給料がもらえ、その上学校に行け<u>さえ</u>するなら、本当に喜んで働きます。

(21′)では、「学校に行け<u>さえ</u>するなら、喜んで働きます」の文は次のように解釈できる。

(23) 他のことならできるかもしれないが、学校に行くことはできないと思っていた。その学校に行くことができるなら、喜んで働く。

(23)は(21)の「さえ」を「最低条件」の「さえ₂」ではなく、「意外」の「さえ₁」とした解釈である。

このように同じ(21)の「さえ」が文脈によって2通りに解釈できる。従って「さえ₂」を「さえ₁」が条件節内に現れた場合に得られる語用論的解釈の一つと考えることはできない。

また「さえ₁」と「さえ₂」は、意味の違いと、「さえ₂」が条件節の中にしか現れないという違いだけでなく、格助詞「が」への前接の可否でも違いがある。次のようである。

(24) a 子供<u>さえ₁</u> が／∅ 核の恐ろしさは知っている。
 b お金<u>さえ₂</u>＊が／∅ あれば、何でも思いのままだ。

こうしたことから、「さえ」には「さえ₁」と「さえ₂」の異なる2語を認めておく必要があるのである。

3.5 「さえ₁」「さえ₂」と「すら」の使用実態

3.5.1 類義語「さえ」と「すら」

「さえ」と「すら」は類義語とされるが、上で見たように「さえ」は「さえ₁」と「さえ₂」の二種があるが、「すら」は次のように「意外」の意味のみで、「最低条件」の意味の「すら」はない。

(25) a　外国では何もかも勝手が違い、電気コンセントの差し込み方　すら／さえ₁　わからない。
　　 b　お金　*すら／さえ₂　あれば何でも買える。

　「意外」の意味を表すとりたて詞の中では、「さえ₁」と「すら」は、ほとんどの場合置き換え可能であり、他の「も」「まで」「だって」等と比較して、極めて類義性が高く、意味的、統語的特徴にも違いが少ない。そこで「すら」について一章を立てて考察を行うことをしないが、しかし実際の用例を調査すると、「さえ₁」と「すら」には内省に基づく考察では気づかれにくい興味深い現象が見られた。また「すら」は、「さえ」よりも文章語的であり衰退の傾向にあるとされるが、この点についても注意すべき結果が得られた。さらに「さえ₁」と「さえ₂」の間にも文中の分布等に違いが見られる。
　そこで本章で「さえ」の考察を終える前に、近現代語における「さえ₁」「さえ₂」と「すら」の使用実態について、統語論的観点から見た出現環境の特徴、および資料による出現頻度の傾向を報告し、若干の考察を加えておきたい。

3.5.2 資料

調査は以下の市販の電子コーパスを利用して行った。

ア　『読売新聞 記事データ〈1998年版〉』CD-ROM版製作・著作権者　読売新聞　日本データベース開発株式会社

イ 『CD―ROM版 新潮文庫の100冊』新潮社　1995年
ウ 『女性のことば・職場編』現代日本語研究会（著作権者）編　ひつじ書房
　 1997年
エ 『男性のことば・職場編』現代日本語研究会（著作権者）編　ひつじ書房
　 2002年

　上記ア〜エの中、実際に資料としたのは、次のようなものである。
　アは1998年の邦文新聞記事データであり、記事データベースに蓄積してある読売新聞社が著作権を有するすべての記事（一記事に関して本文記事情報、見出し、その他のデータベース上の全項目情報を備える）が含まれる。本調査では、これらの記事全てについて、特にジャンルを区別せずに調査した。
　イに収録された作品の中、資料としたのは、東京出身の作家による以下の作品である。
　こころ　夏目漱石（1867（慶応3））／にごりえ・たけくらべ　樋口一葉（1873（明6））／小さき者へ・生れ出づる悩み　有島武郎（1878（明11））／友情　武者小路実篤（1885（明18））／痴人の愛　谷崎潤一郎（1886（明19））／羅生門・鼻　芥川龍之介（1892（明25））／焼跡のイエス・処女懐胎　石川淳（1899（明32））／モオツァルト・無常という事　小林秀雄（1902（明35））／風立ちぬ・美しい村　堀辰雄（1904（明37））／野火　大岡昇平（1909（明42））／李陵・山月記　中島敦（1909（明42））／剣客商売　池波正太郎（1923（大12））／沈黙　遠藤周作（1923（大12））／砂の女　安部公房（1924（大13））／金閣寺　三島由紀夫（1925（大14））／人民は弱し官吏は強し　星新一（1926（昭1））／楡家の人びと　北杜夫（1927（昭2））／戦艦武蔵　吉村昭（1927（昭2））／太郎物語　曾野綾子（1931（昭6））／コンスタンティノープルの陥落　塩野七生（1937（昭12））／新橋烏森口青春篇　椎名誠（1944（昭19））／一瞬の夏　沢木耕太郎（1947（昭22））
　ウ、エはそれぞれ女性と男性の、職場におけるフォーマルな発話とインフォーマルな発話を集めた自然談話資料であり、そのすべてを調査の対象と

182　第2部　とりたて詞各論

した。

3.5.3　統語論的観点から見た出現環境の特徴

本調査では主に、「さえ₁」「さえ₂」「すら」が用言と共起する場合に注目し、用言への後接の様相、具体的には動詞・形容詞の連用形、動詞・形容詞のテ形への後接と否定述語との共起について調べた。その結果を表1、2に示す。表中の(%)は、各語の用例の全出現数に占める当該の用例数の割合である。

表1　〈新潮文庫100冊中の21作品〉における用言との共起

	さえ₁(%)	さえ₂(%)	すら(%)
動詞テ形後接	23（3.5）	7（3.7）	0
動詞連用形後接	9（1.4）	73（38.6）	0
形容詞連用形後接	5（0.7）	1（0.5）	0
形容詞テ形後接	0	0	0
否定述語	224（33.8）	27（14.3）	66（52）
全出現数	663	189	127

表2　〈読売新聞記事データ〉における用言との共起

	さえ₁(%)	さえ₂(%)	すら(%)
動詞テ形後接	8（0.1）	6（3.1）	0
動詞連用形後接	2（0.2）	21（10.7）	0
形容詞連用形後接	4（0.5）	0	1（0.3）
形容詞テ形後接	0	0	8（2.4）
否定述語	209（26.5）	21（10.7）	148（44.3）
全出現数	788	196	334

　表1、表2に見られるように、「すら」は用言に後接する例が極めて少ない。表2の形容詞への後接の例は、次のようなものであるが、連用形後接は1例、テ形後接も8例と少ない。

(26) a　水は青くすらなく透明で、その間に、魚が群れをなして泳いでいた。
　　　　　　　　　　　　　　　　　　　　　　（曾野綾子『太郎物語』）

b　躍動する若さとバイタリティーは感動的ですらある。

　「さえ」も「すら」も、一般に用言には後接しにくいと考えられる語だが、この結果を見る限り、特に「すら」はそれが顕著である。
　高山（2003: 112–119）は、上代、中古語の「すら」が用言に後接する例が見られないと指摘するが、こうした特徴が現代語にも引き継がれていると考えられる。
　さらに、田中（2001: 432）は、「「スラ」は極端な例を強調してとりたてるニュアンスが強く、「サエ」は極端な例から他を暗示し、類推させるニュアンスをもつ。」という。「すら」は提示する極端な例そのものに関心があり、それを強調するのに対し、「さえ」は極端な例から暗示され、類推されるものに関心の中心があることを指摘したものと考えられる。田中の指摘は、此島（1973: 274）の上代語の「すら」の本義に関する記述にも通じ、湯沢（1954: 649）が江戸語の「さえ」の用法を、いわば「最低条件」と「類推」「反予想」の三者に分け、「反予想」の場合に「さえ」に代わって「すら」も現れるとした記述にも通じる。
　また、此島（1973: 285）は、江戸語において「すら」が「類推」の「さへ」と同じ意味で使われる場合、「ですら」で現れるのが普通であり、これは現代語にも続いているとする。因みに「ですら」のように「すら」が「で」を伴う場合、一般に「ですら」が後接する要素がとりたての焦点になると考えられる[5]。そこで、此島（1973）の指摘も、江戸語、及び現代語の「すら」が、自らが後接する要素をとりたて、それを焦点化する用法で使われやすいことを示すものと考えられる。
　これらを考え合わせると、「すら」は本来、それが後接する要素を「他者」と区別して強調することに主眼をおく特徴があり、同時にそれは、後接要素をとりたての焦点とすることと連動したものだということになろう。とすれば「すら」は、それが後接する要素をとりたての焦点とする傾向の強い語と言えるのかもしれない。これに対し、文中で述語のみがとりたてられ、他の用言と対比されることは多くない。あるいはこうしたことが、「すら」の用

言への後接の少なさと関連しているのかもしれない。一方、「さえ」は「さえ1」「さえ2」とも、「すら」ほど用言への後接を嫌う傾向は強くなく[6]、特に「さえ2」は、次のように動詞連用形に比較的後接しやすいことがわかる。

(27) 落着いてさえ2いればどんな問題だって解けるものなのだ。
(北杜夫『楡家の人びと』)

ところで、「さえ2」の表す「最低条件」は、上代、中古語の「だに」に通じるもので、「だに」の意味を中世期以降「さへ」が担い、これが現代語の「さえ」に引き継がれたものと考えられる[7]。「だに」は、長谷川（1970: 534）、宮地（1971: 444）、高山（2003: 108-119）でも指摘されるように、用言の連用形に接続した。こうした「だに」の特徴が、「さえ2」に見られる上の現象と関連しているかもしれない。また「さえ1」の用言への後接についても、同様に「だに」と「さへ」の意味の変遷過程との関連で考えられるかもしれない。

いずれにしろ、このような現象は、実例調査で明らかになったことであり、内省を主とする研究では気づかれにくいものである。ただし、上の考察は限定された資料に見られた現象に基づいての仮説であり、さらに広範な資料を基にして吟味する必要がある。また、先に見た「すら」の意味的特徴についても、現代語では、次の例に見られるように、必ずしも明確ではない。

(28) a 社会の先行きも価値観も不透明な時代。身近な人との距離感すらつかめない。まるで、くもりガラスに囲まれているようだ。その中で、我々はどこに向かって歩こうとしているのか。昨今の「心の風景」を探った。　　　　　　　　　　　（読売新聞 記事データ 1998）
　　 b 住民の約八割は一か月の収入が三十ドル以下と言われ、メキシコで最も貧しい。チェナロ村は、主食のトルティーヤの原料となるトウモロコシすらほとんど収穫できないほど土地がやせており、コーヒーだけが唯一の収入源だ。　　　　　（読売新聞 記事データ 1998）

(28a) では、「身近な人との距離感」が「すら」の焦点ではなく、「身近な人との距離感がつかめない」全体が焦点と解釈すべきである。また (28a)(28b) では、「身近な人との距離感がつかめない」ことや「トウモロコシ」を「他者」と区別して強調することに主眼をおいているとは考えにくい。むしろ、そこから類推される「他者」を含めた状況の全体像、「くもりガラスに囲まれているよう」な状況、「土地がやせている」ことに関心があると解釈される。

今後、内省による研究と資料に基づく研究とを相補って、さらに考察を深める必要がある。

一方、否定述語と共起する割合は、「すら」が表1で全用例数の52%、表2で44.3%であるのに対し、「さえ₁」「さえ₂」はそれほど高くない。「すら」も用例のほぼ半数にとどまるのであり、必ずしも積極的に否定述語と共起する傾向は見られない。

田中 (2001: 431–432) は、「「スラ」は限度を示し、「サエ」は添加を示すのを本義とし、前者は打消しと呼応し、後者は、条件法と呼応することが多い。」と述べる。しかしこれは表1の結果とは異なる。

また「さえ₁」と「さえ₂」の出現数を比較すると、表1の小説データでは「さえ₁」663例に対し「さえ₂」189例、表2の新聞データでは「さえ₁」788例に対し「さえ₂」196例である。田中 (2001) は「さえ₁」、「さえ₂」の区別をせず、両者を「サエ」として一括するが、上の表を見る限り、「さえ」が条件法と呼応しやすいという傾向も認められない。

因みに次のグラフ1は、『CD-ROM 版新潮文庫の100冊』所収の21作品中に出現した「すら」の用例について、各作品の肯定述語、否定述語との共起の割合を、グラフ2は「さえ₁」と「さえ₂」の出現数を、それぞれ作家の生年順に示したものである。これを見ても、明治期から昭和20年代に生まれた作家の作品を通して、「すら」に特に否定述語と共起しやすい傾向や、「さえ」に「さえ₂」が多く出現する、つまり条件法との呼応の傾向は見られない。

186　第2部　とりたて詞各論

グラフ1　「さえ₁」否定述語との共起

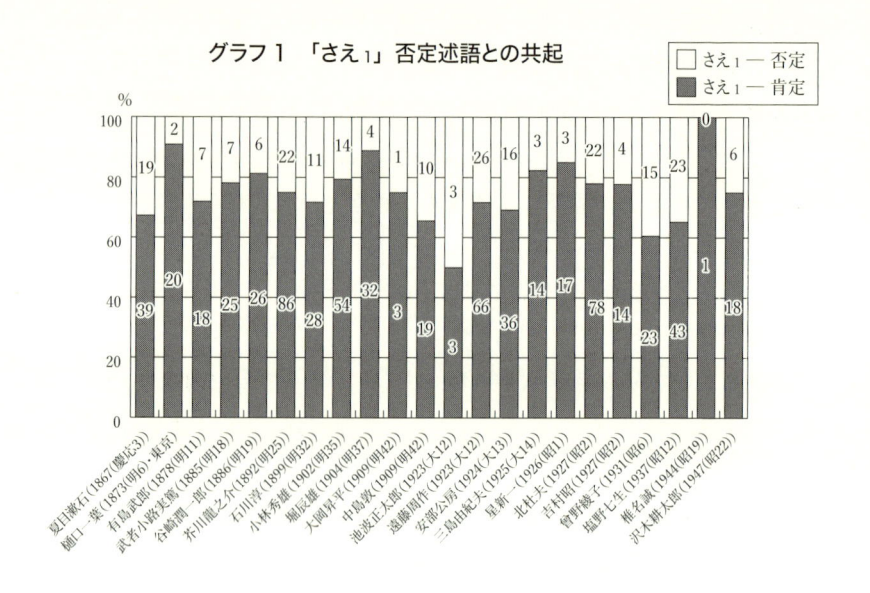

凡例: □ さえ₁ ― 否定 / ■ さえ₁ ― 肯定

作家	肯定	否定
夏目漱石(1867(慶応3))	39	19
樋口一葉(1873(明6)・東京)	20	2
有島武郎(1878(明11))	18	7
武者小路実篤(1885(明18))	25	7
谷崎潤一郎(1886(明19))	26	6
芥川龍之介(1892(明25))	86	22
石川淳(1899(明32))	28	11
小林秀雄(1902(明35))	54	14
堀辰雄(1904(明37))	32	4
大岡昇平(1909(明42))	3	1
中島敦(1909(明42))	19	10
池波正太郎(1923(大12))	3	3
遠藤周作(1923(大12))	66	26
安部公房(1924(大13))	36	16
三島由紀夫(1925(大14))	14	3
星新一(1926(昭1))	17	3
北杜夫(1927(昭2))	78	22
吉村昭(1927(昭2))	14	4
曽野綾子(1931(昭6))	23	15
塩野七生(1937(昭12))	43	23
椎名誠(1944(昭19))	1	0
沢木耕太郎(1947(昭22))	18	6

グラフ2　新潮文庫100冊中の「さえ₁」「さえ₂」の出現比

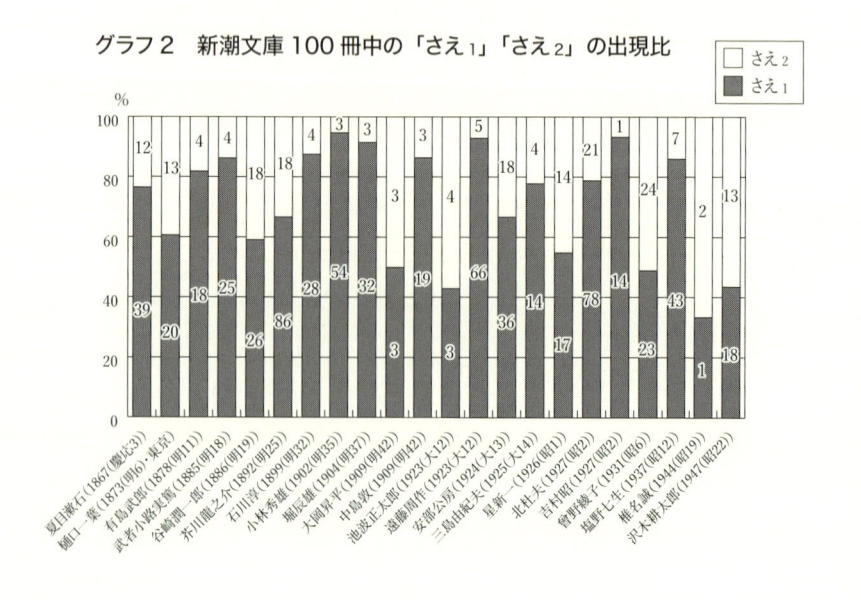

凡例: □ さえ₂ / ■ さえ₁

作家	さえ₁	さえ₂
夏目漱石(1867(慶応3))	39	12
樋口一葉(1873(明6)・東京)	20	13
有島武郎(1878(明11))	18	4
武者小路実篤(1885(明18))	25	4
谷崎潤一郎(1886(明19))	26	18
芥川龍之介(1892(明25))	86	18
石川淳(1899(明32))	28	4
小林秀雄(1902(明35))	54	3
堀辰雄(1904(明37))	32	3
大岡昇平(1909(明42))	3	3
中島敦(1909(明42))	19	3
池波正太郎(1923(大12))	3	4
遠藤周作(1923(大12))	66	5
安部公房(1924(大13))	36	18
三島由紀夫(1925(大14))	14	4
星新一(1926(昭1))	17	14
北杜夫(1927(昭2))	78	21
吉村昭(1927(昭2))	14	1
曽野綾子(1931(昭6))	23	24
塩野七生(1937(昭12))	43	7
椎名誠(1944(昭19))	1	2
沢木耕太郎(1947(昭22))	18	13

以上のように、本調査からは、「すら」「さえ」いずれについても、田中(2001)の指摘する傾向は見られなかった。これらについては、さらに多くの資料にあたり検討する必要があろう。

3.5.4 資料の違いから見た出現頻度

「すら」と「さえ」、特に「さえ₁」は共に文章語的性質の強い語であるが、「すら」は「さえ₁」以上に文章語的であり、衰退の傾向にあるとされる。

そこで本調査では、「すら」と「さえ₁」について、新潮文庫の100冊中の作品、新聞記事、自然談話資料のそれぞれの資料における出現頻度を調べた。結果は次の表3、4及びグラフ3、4の通りである。なおここでは対照のために、口語的性質が強いとされる「だって」の各資料における出現頻度を含めて示してある。

表3は、自然談話資料『男性のことば・職場編』、『女性のことば・職場編』に見られる「さえ₁」「すら」「だって」の出現数である。表中の数値は、実際の出現用例数を表し、( )は「さえ₁」「すら」「だって」の総出現数にしめる各語の割合を示す。表3から、「さえ₁」と「すら」が文章語的であるのに対し、「だって」が口語的であるのが、明らかである。

表3　話し言葉における「さえ」「すら」「だって」の出現数

	さえ₁	すら	だって
女性のことば・職場編	0 (0%)	0 (0%)	27 (27%)
男性のことば・職場編	1 (4%)	0 (0%)	22 (96%)

次のグラフ3は、新潮文庫100冊中の21作品に見られる「さえ₁」、「すら」、「だって」の作品別の出現数を、作家の出生年順に示したものである。グラフの中の数値は実際の出現用例数を表す。

表3とグラフ3を比較しても、「だって」が口頭語に現れやすい語であることが分かる。実際に各用例を見ても、ここで見られる「だって」の例は、ほとんどが次のように小説の中の会話文に現れる例である。

188　第2部　とりたて詞各論

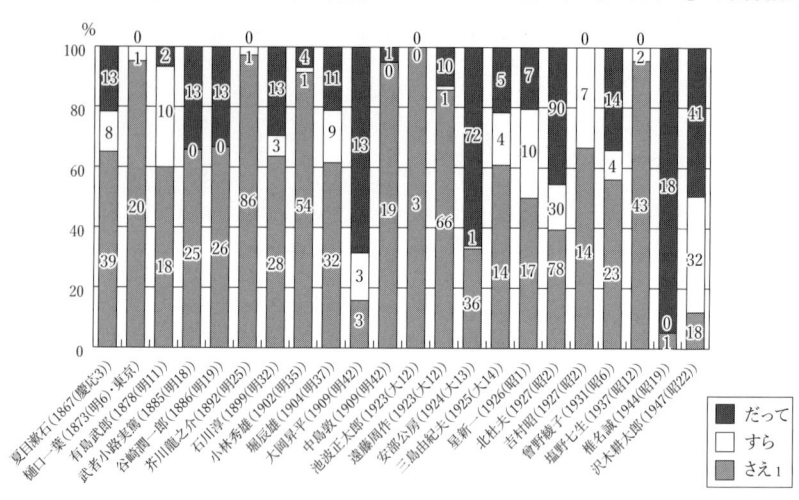

グラフ3　新潮文庫100冊中の作品における「さえ₁」「すら」「だって」の出現数

(29) a　事件が解決してさっぱりとすれば、からだのぐあい<u>だって</u>回復するよ。　　　　　　　　　　　　　　　（星新一『人民は弱し官吏は強し』）
　　 b　野島さん<u>だって</u>、今にきっと私と結婚しないでよかったとお思いになってよ。　　　　　　　　　　　　　　　（武者小路実篤『友情』）

一方、「さえ₁」「すら」は話し言葉データにはほとんど現れることがなく、グラフ3の小説データや次の表4に見るように、新聞記事データに多く現れ、文章語的性質の強い語であることが確認できる。

表4　新聞における「さえ₁」「すら」「だって」の出現」数

さえ₁	すら	だって
788（58%）	334（25%）	233（17%）

「さえ₁」と「すら」では、「すら」がより文章語的で、固い感じがするとされる。本調査では、新聞記事データを記事の内容別に分けて見ていないた

第3章 「さえ」「すら」　189

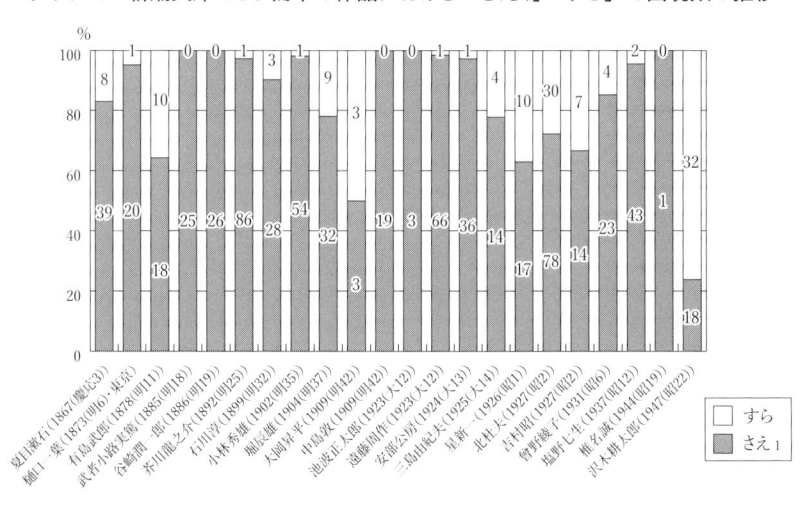

グラフ4　新潮文庫100冊中の作品における「さえ₁」「すら」の出現数の推移

め、「さえ₁」と「すら」がそれぞれに現れやすいテキストの文体的な差をとらえることはできていない。しかし、表4の新聞記事データでも、小説データについて改めて「さえ₁」と「すら」の出現数のみを比較したグラフ4でも、いずれも「さえ₁」の用例が「すら」を上回っている。このことから、「さえ₁」よりは「すら」の勢力が弱いことが認められる。「すら」はかって、その意味領域が「だに」に浸食されたが、漢文訓読の世界で使用されることにより文章語的性質を獲得し、そのためにかろうじて命脈を保ったといわれる。しかし「だに」が滅び、「すら」に意味的に近い「さえ₁」が、今また文章語的性質を持ったことで、「すら」の衰退が再び始まっているとも考えられる。

　ただし、これについては、グラフ4を見る限り、いささか慎重にとらえる必要もあると思われる。グラフ4は、作家の出生年順に各作品における「さえ₁」と「すら」の出現数を示したものだが、用例の総出現数の少ない椎名誠等を除き、昭和生まれの作家の作品では「すら」の出現数が徐々に増加しているのがわかる。特に昭和22年生まれの沢木耕太郎の作品では、「さ

え₁」16例に対し、「すら」32例と「すら」が「さえ₁」の倍の出現数を数えている。この点で、「すら」が一概に衰退傾向にあるとも言えないように思われる。

　「すら」については、此島（1973: 269）でも述べられるとおり、それが少量ながらも古代から現代に至るまで、滅びきらずに命脈を保っている点が興味深い。これは、上代、中古期に最も勢力のあった「だに」が、現代では方言を除いて、ほとんど滅びてしまったのと対照的である。この理由については、先に見た「すら」の意味的特徴とも関連させて、今後さらに考えてみたい。

3.5.5　まとめ

ここでは、近現代語における「さえ」と「すら」の使用実態について、文字言語資料の小説データ、新聞記事データと自然談話資料を調査し、両者の統語論的観点から見た出現環境の特徴、および資料による出現頻度の傾向を考察し、以下のことを述べた。

1. 「さえ₁」と「すら」では、用言への後接の様相に違いが見られ、「すら」は用言には後接しない。また「さえ」の中でも「意外」の「さえ₁」と「最低条件」の「さえ₂」では、「さえ₂」の方が、用言に後接しやすい傾向がある。これらは、「すら」「さえ」の歴史的な意味、用法の変遷とそれに伴う統語特徴の変化に関連するものと考える余地がある。
2. 「すら」は否定述語と共起する傾向が強いとする先行研究があるが、今回の調査の限りでは、必ずしもそうした傾向は見られなかった。ただし、「すら」「さえ₁」「さえ₂」の3語の中では、「すら」が否定述語と共起する傾向が最も高く、「さえ₁」、「さえ₂」の順で否定述語との共起傾向が弱いといえる。
3. 「さえ₁」「すら」はともに文章語的性質が強く、この点で口頭語的性質の強い「だって」とは対照的である。また「さえ₁」に比べ、「すら」はその勢力を弱めつつあるが、小説データで見る限り、必ずしも一方的な衰

退の道をたどっているとも言えない。

「さえ」「すら」「だに」等の語については、現代共通語だけでなく、方言も視野に入れた調査、分析が必要である[8]。今後さらに資料を充実し、各語の使用実態を明らかにし、内省を主とする研究と相補いながら、各語の持つ種々の特徴について、考察を深めて行く必要がある。

注

1 「〜と」節内の「さえ₂」は実例も特に少なく、(10d) も若干許容度が落ちるかもしれない。しかし実例が皆無ではない。実例では、「〜と」「〜ば」「〜たら」「〜なら」節の中、「〜ば」節内に現れるのが圧倒的だが、こうした偏りはとりたて詞「さえ₂」の成立に密接に関係すると考えられる。ただし、この点について本書ではこれ以上立ち入らず、別稿に譲る。

2 (17c) から当然のことだが、「彼に代えて彼以外の人を仲間にする」際の「彼以外」に「彼」より条件として劣る人は含まれない。

3 こうした「さえ₂」の成立は、後の 3.5.3 でも触れるとおり、類義語である「だに」等との意味・用法上の交替に関する歴史的変遷過程と密接に関わるものと考えられるが、ここではこれ以上考察する余裕がない。これについては、高山 (2001、2003)、三井 (2001、2003) が参考になる。

4 ただし、「だけ」が条件節の中にある場合は二義的である。これについては第 2 部第 4 章で述べる。

5 これについては、定延 (1995: 248–250)、菊地 (1999: 7–30) 等を参照されたい。

6 高山 (2003: 115–119) によれば、上代、中古語の「さへ」にも用言への後接が見られないのだが、こうした特徴は現代語の「さえ」には引き継がれていない。

7 この点は、長谷川 (1970: 533–539, 542–545)、宮地 (1971: 444)、高山 (2003: 120)、此島 (1973: 269–285) 等を参照されたい。

8 三井 (2003) 等を参照されたい。

第4章 「だけ」「のみ」

4.1 3種の「だけ」

「だけ」にはとりたて詞「だけ」の他に、形式副詞、形式名詞等の「だけ」があるが、これらはとりたて詞「だけ」とは統語論的、意味論的特徴が違う。とりたて詞以外の「だけ」については本書第1部第5章で述べたが、改めて以下に、それぞれの「だけ」について概観しておく。

　形式副詞の「だけ」は次のようなものである。

（1）a　作物は手をかければかける<u>だけ</u>、それに応えてくれる。
　　　b　勝つチャンスが何度もあった<u>だけ</u>に、引き分けの結果は残念でならない。

　常に補足成分をとって全体で副詞句を形成する形式副詞の「だけ」は、副詞句の主要素のため任意性や分布の自由性は持たない。この点でとりたて詞とは異なる。

　次は形式名詞の「だけ」である。

（2）a　決して無理強いせず、その時の状況について、思い出せる<u>だけ</u>を落ち着いて話してもらう。
　　　b　無駄遣いをしないように、必要な時に必要な<u>だけ</u>を買う。

上の例の「思い出せるだけ」や「必要なだけ」は全体でおよその数量を表す名詞句であり、「だけ」はその主要素となっている。そのため、この「だけ」には任意性はない。また「思い出せるだけ」や「必要なだけ」が、次のように連体修飾構造の主名詞になる点で、これらの「だけ」には非名詞性もない。この点で、とりたて詞とは異なる。

(3) a　落ち着いて話してもらう思い出せる<u>だけ</u>(を正確に聞き取る。)
　　 b　必要な時に買う必要な<u>だけ</u>(を大切に使う。)

　さて、上ではとりたて詞以外の「だけ」について概観した。次では、とりたて詞「だけ」の構文論的特徴、意味論的特徴について考察する。

4.2　とりたて詞「だけ」「のみ」

ここではとりたて詞「だけ」の統語論的特徴と意味論的特徴を考察する。
　第1部第2章2.1.1.で述べたとおり、「のみ」は、元来、現代語の「だけ」とは異なる意味を持つ語であったが、歴史的な変遷を経て、現代語では「だけ」と文体差を除いてほぼ同一の特徴を持つようになっている。そこで、「だけ」を中心に考え、「のみ」については必要に応じて触れることにする。

4.2.1　「だけ」の統語論的特徴

「だけ」もとりたて詞としての一般的な統語論的特徴を備えている。

(4) a　彼は教えられたこと　<u>だけ／Ø</u>　を正確に伝えた。
　　 b　長男に　<u>だけ／Ø</u>　だけは本当の病状が知らされた。

　上に見るように、任意性があり、また(5b)が正文であることから連体文内性も認められる。(6b)が非文となることから非名詞性も認められる。

（5）a　入札説明会に関連業者だけを集めた。
　　　b　関連業者だけを集めた入札説明会
（6）a　先輩だけに秘密を打ち明けた。
　　　b　*秘密を打ち明けた先輩だけ

　分布の自由性も次のように認められるが、分布の自由性については他のとりたて詞に見られない特徴がある。

（7）a　顔見知りの彼とだけ、親しく言葉を交わした。
　　　b　おとなしいだけで気が利かない。
　　　c　映像の中には言葉も台詞もほとんど無く、カメラはただゆっくりとだけ動き、風景は息を呑む色彩のなかに広がる。

　「だけ」は広く格助詞に前接するだけでなく、「自室」という意味での「自分だけの部屋」のように「所有」をあらわす連体の「の」の前に現れることができる。格助詞への前接は「ばかり」等にも共通するが、所有の「の」への前接は「だけ」「のみ」と後述する「など」に限られる。
　また「だけ」は、「太郎が来ただけだ」のように述語の連体形、特にテンスを表すタ形に後接できる点が、「のみ」と共に、他のとりたて詞と大きく異なる。他のとりたて詞「も」等は、活用語の連用形に後接し、テンスを表す語形の後には現れない。一方「ばかり」等は、ル形には後接するが、これらはタ形に後接できず、その意味では「ばかり」が後接するル形の活用語もテンスが分化しているものではないと考えられる。「ばかり」等もまた、「も」等と同じくテンスを表す語形の後には現れないと考えられるのである。こうしたことを考えると、テンスを表す語形に後接できる「だけ」は、とりたて詞の中でも特異な語といえる。

4.2.2 「だけ」の意味

（8）　ラストシーンだけがテクニカラーで撮影される。

　(8)の「だけ」は、「ラストシーン」を「自者」としてとりたてると考えられるが、(8)は次の(9a)を主張とし、(9b)を含みとする。

（9）a　ラストシーンがテクニカラーで撮影される。
　　　b　ラストシーン以外はテクニカラーで撮影されない。

　(9a)では「自者」「ラストシーン」が「テクニカラーで撮影される」に対して「肯定」され、(9b)では「他者」「ラストシーン以外」が否定される。つまり「主張」は「自者―肯定」であり、「含み」は「他者―否定」である。

（10）　親友にだけ相談する。

　(10)は「親友」が「自者」と考えられるが、次の(11a)のように「自者―肯定」を「主張」とし、(11b)のように「他者―否定」を含みとする。

（11）a　親友に相談する。
　　　 b　親友以外には相談しない。

　そこで「だけ」の意味を「限定」と呼ぶことにし、次のように示す[1]。

（12）　「だけ」主張：断定・自者―肯定
　　　　　　　　含み：断定・他者―否定

4.3 「だけ」と条件節

ところで、前章の 3.3.2 で述べたように、「だけ」が条件節中にある場合、「最低条件」の「さえ₂」とほぼ同義に解釈できる場合がある。

(13) 　彼だけを仲間にすれば、プロジェクトは成功する。

　(13)は次の二義に解釈できる。

(14) 　a 　彼を仲間にし、彼以外を仲間にしなければプロジェクトが成功する。
　　　b 　彼を仲間にすれば、プロジェクトが成功する。そして彼以外を仲間にしなくても、プロジェクトは成功する。

　(14a)は「彼以外を仲間にしない」という「他者―否定」が条件となる解釈だが、(14b)は「彼以外を仲間にする」ことを条件として「必要としない」という、「他者―不要」の意味が加わる「他者―否定」の解釈である。
　そして(14b)の解釈をすれば(14)の「だけ」は「さえ₂」に置き換えることができる。

(15) 　彼　だけ／さえ₂　仲間にすれば、プロジェクトは成功する。

　「さえ₂」と「だけ」の同義性は、条件節中の「だけ」の「他者―否定」の二つの解釈のうち、「他者―不要」の意味が加わる解釈の場合に生ずるのである。
　ただし、「さえ₂」の場合は条件節内に分布しながら、意味の上では条件のとりたてになっている点、さらに常に「最低条件」を表す点に特徴があったが、「だけ」の場合はこれとは異なり、「だけ」が条件そのものをとりたてることはない。「だけ」はあくまで条件節内の要素をとりたてるだけであり、

条件節全体が「最低条件」と解釈されるか否かは、語用論的環境による。
　条件節中の「だけ」に「最低条件」、「他者―不要」の解釈が生まれる現象は、森田（1971）に指摘される［手段］［材料］等を表す格助詞「で」と「だけ」の承接順序の違い、例えば

(16) a　この箱は厚紙だけで作れる。
　　 b　この箱は厚紙でだけ作れる。

の (16a)(16b) の文の解釈の違い等とも関連する。
　一般に、格助詞と「だけ」の承接順序は、次のように文の意味解釈に影響を与えない[2]。

(17) a　お客の前　だけで／でだけ　演奏する。
　　 b　母　だけに／にだけ　話す。

　ところが、次のように「だけ」が可能述語等と共起し、格成分「バスだけで」が「行ける」に対する条件となるような解釈ができる環境になると、文の意味解釈に差が生じる。

(18) a　（そこへは）バスだけで、行ける。
　　 b　（そこへは）バスでだけ、行ける。

　(18a) は、「バスに乗ればそれだけで他の手段―例えば電車に乗ること―を使わなくてもそこへ行ける」という意味と、「バスに乗ることでしかそこへ行けない」という意味の二様に解釈できる。前者は「バスに乗る」ことが「最低条件」であり、後者はそれが唯一のいわば「絶対条件」である。これに対し (18b) は後者の「絶対条件」の解釈しかない。
　こうした現象については、久野・モネーン (1983)、奥津 (1986a)、沼田 (1991、1994b) 野口・原田 (1993、1996) 安部 (1996a、1996b)、Sano (1996)、

久野 (1999) 等で論じられたが、ここで改めて、この現象について若干の考察を加えておきたい。

ところで、(18a) の「最低条件」の意味は次の (19a) でも表せ、(18b) の「絶対条件」の意味は (19b) でも表せる。

(19) a　バスにだけ乗れば、行ける。
　　 b　バスに乗ってだけ、行ける。

本書第 1 部第 4 章で述べたとおり、とりたて詞の作用域は節境界を越えられない。仮にここでの「だけ」が、「他者」「バス以外」に対して「バス」をとりたてているとすれば、この時の「だけ」の焦点と作用域は次に示すようになる。

(20) a　(〈バス〉にだけ乗れば)、行ける。
　　 b　(〈バスに乗って〉だけ、行ける)。
　　　　　　　　　　　　　　〈　〉は焦点、(　) は作用域を示す。

このことから、(18) では「バスで」という「で」格成分が疑似節としてとらえられ、(18a)(18b) の「だけ」のそれぞれの作用域が次のように解釈されると考えられる。

(21) a　(〈バス〉だけで)、行ける。
　　 b　(〈バスで〉だけ、行ける)。

この点では (18) と (19) の間に平行性が見られる。しかし (18a) と (19a) の意味解釈で両者は異なる。先に (18a) は「絶対条件」を表す (18b) とも同義に解釈できることを見た。この場合は、(18a) の「だけ」は主節に位置し、次のような作用域をとることになる。

(22) (〈バス〉だけで、行ける)。

　これに対し (19a) は「最低条件」の解釈でない場合は、「バスに加えてバス以外の乗り物に乗ると行けない」といった解釈になる。しかし、この解釈は (18b) にはできない。これは先の (14a) でも見たが、次のような例の場合に、より鮮明になる。

(23)　アルカリ性洗剤と酸性洗剤を混ぜると有毒ガスが発生するから、
　　　a　(〈酸性洗剤〉だけを使えば)、安全に掃除できる。
　　　b *(〈酸性洗剤を使って〉だけ、安全に掃除できる)。

　つまり「だけ」の作用域は、(19a) や (23a) では条件節内、(19b) (23b) では主節というように異なるのに対し、(18) では、(18a) が「絶対条件」の解釈では「だけ」の作用域が (18b) と同じ主節になるのである。ここで仮に「バスで」を条件節と考えると、条件節内にある「だけ」が節境界を越えて主節を作用域にすることになる。
　しかしここでは、(18) の「バスで」はあくまで「で」格成分と考え、「行ける」等の可能述語と共起することで条件節的に解釈される疑似節と考えたい。「バスで」が解釈上の疑似節であって統語論的には格成分であるために、節境界を越えるという制約を犯さず、(18a) (18b) で見たように、「だけ」が格助詞の前にあっても、後にあっても同じく文全体を作用域にできると考えるのである。
　こうして見ると、とりたて詞の作用域は、当該のとりたて詞が分布する成分が節、ないしは節的であるか否かを測る一つの指標になるとも言えよう。
　ところで、「だけ」を含む条件節の解釈については、次のような現象も観察される。

(24)　この症状なら、とりあえず　a　注射だけ打てば治る。
　　　　　　　　　　　　　　　　b　注射だけ打ったら治る。

　　　　　c ??注射だけ打つと治る。
　　　　　d ＊注射だけ打つなら治る。

　(24)を見ると、「ば」節「たら」節では、条件節に述べられる事柄を「最低条件」とする解釈ができるのに対し、「と」節では難しく、「なら」節ではできないことがわかる。この解釈の差はそれぞれの条件節の持つ語彙論的な特徴やそこから来る誘導推論の強弱などの差によるものと考えられる。ここではこれ以上深く考察する余裕がないが、これも興味深い現象である。

注
1　「だけ」と類義語「ばかり」「しか」との異同については、本書第2部第6章で述べる。
2　この意味解釈は微妙で、個人間の内省差があるかもしれない。しかし (17a)(17b) では、意味の違いは感じられないのが一般的である。

第 5 章　「ばかり」

5.1　4 種の「ばかり」

「ばかり」も「だけ」同様、同形異義異機能の語がある。とりたて詞「ばかり」の他に、形式副詞、形式名詞、アスペクト詞の「ばかり」があるが、これらはそれぞれとりたて詞「ばかり」とは異なる統語論的、意味論的特徴を持っている。とりたて詞以外の「ばかり」については本書第 1 部第 5 章で述べたが、改めて以下に、それぞれの「ばかり」について概観しておく。

　形式副詞の「ばかり」は次のようなものである。

（1）a　これでもか、と言わんばかりに、孫の自慢話を延々話し続ける。
　　 b　母親は気が狂わんばかりに泣き叫ぶ。
　　 c　自民党執行部が、連立政権を維持したいばかりに、世論を無視して憲法委員会設置問題を先送りしている。

　形式副詞の「ばかり」は、常に補足成分をとって全体で副詞句を形成する副詞句の主要素であるため任意性や分布の自由性は持たない。この点でとりたて詞とは異なる。

　次は形式名詞の「ばかり」である。

（2）a　会社が倒産した後、3 年ばかり友人の仕事を手伝っていた。
　　 b　提携先の候補として選定しておいた企業から 6 社ばかりを絞り込ん

だ。
　　c やがて降り積もる雪の高さが軒丈ばかりになり、向かい合う家と家
　　　とは屋根と廂しか見えなくなる。

　上の例の「3年ばかり」や「6社ばかり」「軒丈ばかり」は全体でおよその数量を表す名詞句であり、「ばかり」は概数量を表す名詞句の主要素となっている[1]。そのため必須の要素であり、任意性がない点でとりたて詞とは異なる。
　また「3年ばかり」や「6社ばかり」に認められるように、これらの「ばかり」は次のような連体修飾構造の主名詞になる点で非名詞性もない。この点でも、とりたて詞とは異なる。

（3）a　会社が倒産した後、友人の仕事を手伝っていた3年ばかり（は惨めな毎日だった。）
　　b　提携先の候補として選定しておいた企業から絞り込んだ6社ばかり（はいずれも将来性があり、甲乙つけ難かった。）

　アスペクト詞としての「ばかり」は次のようなものである。

（4）a　所員の意見はほぼ一致しており、後は所長の判断を待つばかりであった。
　　b　その男とはつい先日会ったばかりだった。

　アスペクト詞の「ばかり」は述語動詞に後接して、動作の直前や直後を表すものであり、分布の自由性はない。この点でとりたて詞と異なる。
　上ではとりたて詞以外の「ばかり」について概観したが、次に、とりたて詞「ばかり」の構文論的特徴、意味論的特徴について考察する。

5.2 とりたて詞「ばかり」

5.2.1 「ばかり」の統語論的特徴

ここではとりたて詞「ばかり」も分布の自由性、任意性、連体文内性、非名詞性の四つの統語論的特徴を備えている。

（5）a 子供のことに<u>ばかり</u>気をとられていて、その約束をすっかり忘れていた。
　　 b 相手の酒の強さに呆気にとられる<u>ばかり</u>だった。
　　 c 確かに海の男はカッコいいが、お客の顔を見て、そうそううっとりと<u>ばかり</u>もしていられない。

上のように格成分、述語、副詞句等、様々な要素に後接する。しかし、「だけ」等と比べると次のような制限はある。

（6）a 「所有」を表す連体の「の」に前接できない
　　 b タ形述語に後接しない。
　　 c 数量表現に後接しない。
　　 d 否定述語に後接しない。
　　 e 状態性述語に後接しにくく、特に可能動詞などには後接しない。

ただし、上の制限の中、(6a)の制限がないのは「だけ」や「など₁」「など₂」に限られる。(6b)も制限がないのは「だけ」に限られ、こうした制限がある「ばかり」などの方が、むしろとりたて詞の中では一般的である。
一方、(6c)の数量表現への後接の制限は「ばかり」に限られるものではないが、とりたて詞に一般的な制限ではない。数量表現に後接する「ばかり」はすべて「概数量を表す形式名詞」の意味・機能しか持たない。

（7）a リンゴを五つばかり買った。

b　30人ばかり集まった。

　例えば上では、「ばかり」は「限定」の意味を持たず、どちらも「およそ五つ」や「およそ30人」と概数量を表す。後で述べるが、これは数量表現につく「くらい」にとりたて詞である場合と形式名詞である場合があったり、数量表現につく「だけ」がとりたて詞としてしか機能しないのとは異なる。
　また、次の例に見られるような(6d)(6e)の後接制限も「ばかり」に見られる特殊な制限である。

(8)　a　太郎を可愛がらない　＊ばかり／だけ　だ。(否定述語の制限)
　　　b　花子は心配性な　？ばかり／だけ　だ。(状態性述語の制限)
　　　c　太郎は英語が話せる　＊ばかり／だけ　だ。(可能動詞の制限)

　さらに「ばかり」は、状態性述語には後接しにくいだけでなく、共起することも難しい。この点でも「だけ」等と異なる。次のようである。

(9)　a　花子　？ばかり／だけ　が優秀だ。
　　　b　太郎　＊ばかり／だけ　が学生だ。
　　　c　太郎は英語　＊ばかり／だけ　が話せない。

　もっとも上に見た「ばかり」の状態性述語に関する制限は、次のように一時的な状態を表す場合は無くなる。

(10)　a　何を聞いても下を向いて黙りこくっているばかりだ。
　　　b　太郎はいつも同じような問題ばかりが解けない。

　状態性述語に関する制限は、さらに詳しく考察する必要がある。また、上に見た(6)の制限は、次章で述べる「だけ」等と異なる「ばかり」の二次的

な意味特徴によるものと考えられるが、これについての詳細は、別の機会に考察することにする。

　なお、沼田（1992b）でも述べたが、「ばかり」には（6）の制限を破るものがある。それらは「だけ」と置き換え可能で、現代語の感覚では「だけ」と言った方が自然で、「ばかり」にすると少し古い言い方に感じられる。次のようなものである。

(11)　a　彼らはただじろりと一目伯爵を見たばかりで、この珍客の侵入をいぶかる者もなかった。
　　　b　その部屋には、二台の古ぼけた長椅子が両側に置いてあって、その枕元に灰皿とマッチとを載せたティー・テーブルが据えてあるばかり、他には何の装飾もない。
　　　　　　　　　　　（上の2例は、谷崎潤一郎『美食倶楽部』）

　これらは、此島（1973）等に指摘される、現代語の「だけ」の意味を担っていた古語の「ばかり」が残ったものと考えられる[2]。こうした「ばかり」は上のような例の他には、次のように「少しばかり」「ばかりか」「ばかりでなく」などの形で現れるのが普通である。

(12)　a　彼はジャズには少しばかりうるさいですよ。
　　　b　日本産の羊毛は、数が少ないばかりか毛糸には不向きだった。
　　　c　今は、ベルギービールばかりでなく、他の国のビールも全体に品薄で、なかなか入荷しない。

　さて、上では「ばかり」の分布について考察したが、制限はあるものの、格助詞等と比べて分布は非常に自由であり、「ばかり」にも分布の自由性が認められる。
　任意性も次のように認められる。

(13) a 他人の顔色　ばかり／∅　を気にしていてもつまらない。
　　　b 仕事中にふざけて　ばかり／∅　いる。

　次の(14)のように連体修飾節内の要素になりうることから連体文内性が認められ、(15)に見るように連体修飾を受ける主名詞になれないことから非名詞性も認められる。

(14) a 過疎の村はどんどん寂れていくばかりだった。
　　　b どんどん寂れていくばかりだった過疎の村
(15) a 黙って耐えるばかりが妻の役目ではない。
　　　b ＊妻の役目ではない黙って耐えるばかり
　　　　cf. 妻の役目ではない黙って耐えること

5.2.2 「ばかり」の意味
以下では、とりたて詞の「ばかり」の意味について考える。

(16)　長男ばかりが大事にされる。

　(16)の「ばかり」がとりたてる「自者」は「長男」と考えられるが、(16)は次の(17a)を「主張」とし、(17b)を「含み」とする。

(17) a 長男が大事にされる。
　　　b 長男以外─例えば次男や三男─が大事にされない。

「主張」の(17a)では「自者」「長男」が「大事にされる」と「肯定」される。一方、「含み」の(17b)では「他者」「長男以外」が「大事にされない」と「否定」される。

(18)　悪い人にばかりめぐり逢って来た。

(18)の「ばかり」がとりたてる「自者」は「悪い人」と考えられ、(18)は次の(19a)を「主張」とし、(19b)を「含み」とする。

(19) a　悪い人にめぐり逢って来た。
　　　b　悪い人以外―例えば善い人―にはめぐり逢って来なかった。

　「主張」の(19a)では「自者」「悪い人」が「めぐり逢って来た」と「肯定」され、「含み」の(19b)では「他者」「悪い人以外」は「めぐり逢って来なかった」と「否定」される。
　上のことから、「ばかり」は「主張」で「自者―肯定」が「断定」され、「含み」で「他者―否定」が「断定」されるということになる。ここまでは先に見た「だけ」の意味と同じである。
　そこで「ばかり」の意味も「限定」とし、次のように表示する。

(20)　「ばかり」　主張：断定・自者―肯定
　　　　　　　　　含み：断定・他者―否定

　確かに「ばかり」と「だけ」は類義的であり、両者を置き換えても大きく文意が変わらない場合も少なくないが、「ばかり」と「だけ」の意味は全く同じなのではない。「だけ」と「ばかり」の違いは、「しか」との違いも含め、次章で述べる。

注
1　概数量を表す形式名詞の「ばかり」については、本書第1部5章を参照されたい。
2　「ばかり」の意味・用法の変遷については、此島(1973: 234-249)、小柳(2001)、宮地(2001)等が詳しい。

第 6 章　「しか」

6.1　とりたて詞「しか」

6.1.1　「しか」の統語論的特徴

「しか」は常に否定述語[1]と共起する点が他のとりたて詞と異なるが、とりたて詞としての一般的な統語論的特徴は共通する。

（1）a　落第点しかとれない。
　　 b　窓口にはちらほらとしか人気がない。
　　 c　手伝うどころか、困らせしかしない。

上で見るように、分布が自由で、名詞句、副詞句、述語等、種々の要素に後接する。また、任意性もあり、次のように「しか」が無くても文は成立する[2]。

（2）a　山小屋はここから　しか／∅　見えなかった。
　　 b　新しい社長は彼らの操り人形に　しか／∅　過ぎなかった。
　　 c　先方とはまだ簡単な挨拶を交わして　しか／∅　いない。

（3b）から連体文内性、（4b）から非名詞性も認められる。

（3）a　予算は1年分しか用意されていない。

b　1年分しか用意されていない予算
（4）a　私は法に頼るしか思いつかなかった。
　　　b　*私が思いつかなかった法に頼るしか
　　　　cf. 私が思いつかなかった法に頼ること

6.1.2　「しか」の意味

ここでは、「しか」の意味について考える。

（5）　彼にしか会わない。

　(5)で「しか」がとりたてる「自者」は「彼」と考えられる。「も」等これまで見てきたとりたて詞と同様に考えれば、(5)の「主張」は次の(6)ということになる。

（6）　彼に会わない。

　しかし(5)の「主張」は(6)ではない。(5)は「彼に会い、彼以外に会わない」という意味に解釈できる。そこで、(5)の「主張」では「彼」は述語句「会わない」に対して「肯定」されているのではなく、むしろ「否定」されている。つまり(5)の「主張」は「自者―否定」で、

（7）　彼に会わないのではない。

である。
　これに対し「含み」では、「他者」「彼以外―例えば次郎―」は述語句「会わない」に対して「肯定」される。そこで、(5)の「含み」は「他者―肯定」で次のようになる。

（8）　彼以外―例えば「次郎」―に会わない。

「しか」の「主張」を上のように考えるについては、奥津（1974: 168）でも次のような指摘がある。「しか」は文中の名詞句に後接した場合、その名詞を連体修飾しなおすと、次の

（9）　部屋には机と本箱しかなかった。→　部屋にはなかった机と本箱
　　　（同 : 167）

のように元の文とは意味が逆になる。このことから、「「シカ」は否定の述部と密接に関係して、むしろ「ダケアル」という肯定の意味を実質的には持つのに…」（同 : 168）と言うのである。

詳しく見ないが、次の例も全て同様に考えられる。

(10) a　繁華街から 5 分しかかからない。
　　 b　遠くからは一つの岩としか見えない。
　　 c　警備の人しか電源の切り方を知らなかった。

上のことから「しか」の意味を、次のように表示する。

(11)　「しか」主張：断定・自者―否定
　　　　　　含み：断定・他者―肯定

上の「しか」の意味表示は、「だけ」「ばかり」とは「主張」と「含み」の「自者」・「他者」の「肯定」・「否定」が逆転する。ただし「しか」は、上に見たように常に否定述語と共起する。そこで述語との関係から見ると、否定述語に対する自者―否定は肯定述語に対する自者―肯定と同じことになり、否定述語に対する他者―肯定は肯定述語に対する他者―否定と同じことになる。結局「しか」は、自者―肯定、他者―否定の「だけ」「ばかり」と同じ意味を表すことになる。つまり、「しか」も「だけ」と同じ「限定」の意味を表すのである。

6.2 「だけ」と「ばかり」と「しか」

これまで「だけ」「ばかり」「しか」について考察したが、この限りでは、「だけ」「ばかり」「しか」は同じ意味になる。しかし三者は同義ではない。三者の違いは二次的特徴を加えることで表せる。以下では、三者に異なる二次的な特徴について考えたい。

まず、「だけ」と「ばかり」の違いを考える。

次のような文では「だけ」と「ばかり」を置き換えることができない。

(12) a　どれもこれも偽物　ばかり／*だけ　だ。
　　 b　私　*ばかり／だけ　の部屋
　　 c　明日の昼食会には君　*ばかり／だけ　出席しろ。

上を見ると、(12b)(12c)のようにとりたてる「自者」が「私」であったり、「君」であったりする単数の場合には、「だけ」はよいが「ばかり」は使えない。逆に「偽物」が「どれもこれも」と複数の物としてとらえられている(12a)では、「ばかり」が使えて「だけ」が使えない。こうしたことから、森田(1980)、菊地(1983)などでも指摘されることだが、「ばかり」がとりたてる自者には複数性が必要なことがわかる。これに対して「だけ」にはそうしたことは見られない。ただし、「だけ」がとりたてる自者に複数性を認めないというのではない。

(13)　幼い頃の何年間か、私　ばかり／だけ　が祖父の別荘に呼ばれた。

(13)では、「私が祖父の別荘に呼ばれた」のは「幼い頃の何年間か」に複数回あったと考えるのが自然であり、「私」は複数回の出来事に出てくる複数の指示物を指す「私」、つまり複数性を持っていると考えられる。しかし、「だけ」は「ばかり」と同じく「私」をとりたてている。つまり「だけ」はとりたてる自者の複数性の有無を問わないのである。

また、(12a)は「どれもこれも」という表現により、複数の「偽物」が一つ一つ個別に観察され、その結果その全てが「偽物」であり、「偽物以外」つまり「本物」が存在しないことが表される。(12a)でも非文となるように「だけ」はこうした環境には現れない。次でも「だけ」は使えない。

(14)　どの人もみんな気心のしれた人　ばかり／*だけ　です。

　上のことから、沼田(1992b)では、「ばかり」と「だけ」は自者に対する「視点」のあり方が違うと述べた。これはより厳密には、自者について述べられることに対する視点のあり方が異なると言う方がよく、両者の意味の違いは次のような視点の違いと考えられる。

(15)　「ばかり」と「だけ」はどちらも他者を否定して、自者に限定するのだが、「ばかり」は、自者について述べられる事柄を複数の事柄が重なった一つの集合として捉え、その集合を構成する要素である一つ一つの事柄について注目する個別的視点をとる。そのため自者について述べられる事柄に複数性が必要となる。
　　一方「だけ」はこうした視点をとらず、自者について述べられる事柄の集合を一点から全体的にくくる包括的視点をとる。そのため集合を構成する要素である事柄は複数であっても単数であってもよい。しかし、集合内の事柄を個別に見ようとすることは許さない。

　上の「ばかり」と「だけ」の視点を、改めてそれぞれ「個別的視点」と「包括的視点」と呼ぶことにする。ただし、「包括的視点」は「個別的視点」のいわば裏返しの視点である。また二つの視点の中、有標なのは「個別的視点」であり、これは「ばかり」に限られ、他のとりたて詞は「包括的視点」をとる。
　そこで「ばかり」と「だけ」の違いを表す二次的特徴としては「個別的視点」だけを立てる。「ばかり」はこの特徴を持ち、「だけ」および「しか」を

含め他のとりたて詞はこの特徴を持たないのである。

　以上のことから改めて「ばかり」と「だけ」の意味表示を考えると、「だけ」はそのままで、「ばかり」に二次的特徴が加わり次のようになる。

(16)　「ばかり」主張：断定・自者─肯定
　　　　　　　含み：断定・他者─否定
　　　　　　　二次特徴：個別的視点

　次に「しか」と「だけ」「ばかり」の違いについて考える。
　上に見たように「しか」も「だけ」と同様、個別的視点をとらないという点で「ばかり」と異なる。この他に「だけ」「ばかり」には見られない「しか」の特徴がある。
　森田 (1980: 173–174) では「Aしかない」という表現は、Aを除いては、予想していた他のものが何一つないという非存在を強調するが、「だけ」にはそうしたことはないという指摘がある。また、寺村 (1991: 164–169) は「XダケP」が「X以外のものについてPでない」という意味が影の意味であるのに対し、「XシカPナイ」は「X以外のものについてPでない」ということを強調しようとする文で、むしろこれを表の意味とし、「XについてP」というのが影の意味になると言う。同様の指摘が久野 (1999: 291–301) にもあり、「しか」はその否定的陳述（「X以外のものについてPでない」にあたる）を主陳述とし、肯定的陳述（「Xについてp」にあたる）を「第二陳述」とする、一方「だけ」はこれとは逆に肯定的陳述を主陳述とし、否定的陳述を第二陳述とすると言う。本書の議論に引きつけて言うと、特に寺村 (1991) に従えば、「だけ」と「しか」では「主張」と「含み」が逆転することになる。
　本書では、必ずしも「だけ」と「しか」の「主張」と「含み」が逆転するとは考えないが、上記の研究の指摘は「しか」の意味を考える上で重要である。
　確かに、次の (17a) と (17b) を比べると、(17b) の方が「他者─例えば次郎や花子─」が「来なかった」ことを強く述べようとしているように思われ

る。これは(18)のように「他者」が「来ない」ことが原因で、困ったことが起こるというような状況では、(18b)はよいが、(18a)は不自然になることからもうかがえる[3]。

(17) a　太郎だけが来た。
　　 b　太郎しか来なかった。
(18) a　?太郎だけが来たので、ゲームをするには人数が足りなかった。
　　 b　太郎しか来なかったので、ゲームをするには人数が足りなかった。

次も同様である。

(19) a　*自分のことだけ信じられるから、他人に素直になれない。
　　 b　自分のことしか信じられないから、他人に素直になれない。

逆に、「他者」は無いけれどもそれだけはあったから、何とか事なきを得たというような状況では、「だけ」は使えるが、「しか」は使えない。次のようである。

(20) a　*カードの度数が一回分しか残っていなかったから、電話がかけられた。
　　 b　カードの度数が一回分だけ残っていたから、電話がかけられた。

さらに、松下(1928: 611)や此島(1973: 256)、宮地(1997)などの指摘からは、「太郎しか来ない」などは、元々は現代語での「太郎以外は来ない」と言うのに近いと考えられる可能性もあるようだ[4]。となれば、「しか」文は本来は、「太郎以外」つまり「他者」について明示的に言及する文ということになる。「しか」の成立過程を確認できない以上、軽々に判断することはできないが、こうした指摘は、先の寺村(1991)、久野(1999)等の指摘とも関連して、興味深い。

ともあれ本書でも以上のことから、「しか」は「含み」の「他者―肯定」に話し手の表現の主眼があると考えたい。この点については、沼田（1993）でも述べたが、本書では改めて以下のように考える。
　とりたて詞文では、一般に話し手が「自者」の側に視点をおき、「自者」の側から文を明示的に表現し、これを「主張」とする。「他者」については、表現面には実際に表さず、「含み」として述べるにとどめる。「しか」も、これまで見たように、少なくとも現代語では、文中の「自者」をとりたて、明示的には「自者」の側から文を表現している。その限りでは、「しか」も他のとりたて詞同様、「自者」に視点がある。しかし、「しか」ではこれは形式的な視点であり、話し手の表現の主眼、つまり真の視点は「他者」におかれる。
　「しか」は、「自者」について明示的に「主張」するけれども、それは「だけ」など他のとりたて詞のように素直な「主張」の仕方ではない。あらかじめ前提とされる集合から「他者」を引き出すための手段として「自者」を明示するだけである。「しか」により、前提集合から「自者」を除いた「他者」が導き出される。その上で「自者」と「他者」は「肯定」・「否定」のあり方が対立するものととらえられ、「他者」に話し手の真の視点がおかれる、と考えるのである。
　以上のことから、「しか」に、「自者」におかれる形式的視点と「他者」におかれる真の視点の二重視点を二次特徴として認めることで、「しか」と「だけ」「ばかり」を含めた他のとりたて詞との違いを表すことにする[5]。

　さて、以上のことから、改めて「だけ」「ばかり」「しか」の意味を表示すると次のようになる。

(17)　「だけ」主張：断定・自者―肯定
　　　　　　含み：断定・他者―否定
　　　「ばかり」主張：断定・自者―肯定
　　　　　　含み：断定・他者―否定

二次特徴：個別的視点
「しか」主張：断定・自者―否定
　　含み：断定・他者―肯定
　　　二次特徴：二重視点（形式的視点＝自者／真の視点＝他者）

　なお、「しか」は「だけ」同様、数量表現をとりたて、限定することもできるが、「しか」と「だけ」が数量につく場合は、「自者」である数量に対し、「他者」が常にそれより大きい数量であるという特徴がある。

(21) a　重量はわずか 210 ポンドしかない。
　　 b　中心街から 5 分しかかからない。
　　 c　800 円貯金して 200 円だけ使う。
　　 d　3 人だけ集まった。

　上の例では、すべて「自者」「210 ポンド」、「5 分」「200 円」「3 人」に対して「他者」がそれより大きい数量として解釈される。これは「意外」の「も$_2$」が数量表現をとりたてる場合で、肯定述語と共起する時には、「自者」より小さい数量を他者とするのとは対照的である。

注
1　「不可能」「不要」「無関心」等、いわゆる否定の接頭辞を伴う語と共起する場合もあるが、基本的には否定辞「ない」等を伴う否定述語と共起する。宮地(2001)によれば、これはとりたて詞「しか」の成立の経緯に深く結びついたものと考えられる。とりたて詞「しか」の成立の経緯は、文献等では必ずしも明確にたどれない。しかし、「しか」は「〜よりほかない」等の形式と意味的、統語的特徴に多くの平行性が見られる。「〜よりほか」は非存在構文との共起から構造的変化を経て否定述語と結びき、現代語における「しか」と共通する「シカ的限定」（宮地 2001 による）の意味を獲得した。現代語の「しか」も、これと同様の過程をたどったのではないかという宮地(2001)の推測は説得力がある。

また、「しか」が常に否定辞「ない」と同一最小節内で共起することについては、Oyakawa(1975)、Muraki(1978)、Kato(1985)、松井(山森)(1996)、久野(1999)等の研究がある。
2　「しか」を除くと普通、文意は逆転するが、文自体は成立する。なお、「～にしか過ぎない」は慣用句的で、「しか」を除いても他の場合のように文意は逆転しない。
3　こうした現象が生じる理由については、久野(1999)に詳しい。
4　ただし、宮地(1997)によれば「しか」の成立過程を文献上確認はできない。
5　「しか」の視点に関しては沼田(1993)で詳しく考察したが、ここでは「しか」に「予想」―本書の「想定」にあたる―を考えた。しかし、これは茂木(2000)も指摘するように「しか」の視点の特殊性を述べれば不要になる。

第7章 「こそ」

7.1 とりたて詞「こそ」の統語論的特徴

従来係助詞とされてきた「こそ」もとりたて詞の一つであり、とりたて詞としての一般的特徴を持っている。ただし、次の例に見られる「こそ」は、その用法が固定していることから、慣用句的用法として考察の対象から外す。

（1）a　いらっしゃいませ。よう<u>こそ</u>。
　　　b　塩分の多い砂を、セメントにまぜたりしたら、それ<u>こそ</u>大ごとだ。

　また、次の例も古語の用法で、現代語には「あらばこそ」等の固定した形でごくわずかしか見られないため、取りあげない。

（2）a　悲しみに浸る間もあらば<u>こそ</u>、葬儀屋のあまりの電話攻勢に娘と二人、疲れ果ててしまった。
　　　b　あっと、思う間もあらば<u>こそ</u>、倒れてきた大木に押しつぶされて、車は大破した。

　上のような「こそ」を除いた現代語の「こそ」は、次の例に見られるとおり、任意性、連体文内性、非名詞性を持っている。（3）から「こそ」が文構成に任意の要素であることがわかる。また、（4b）、（5b）が正文となることから連体文内性も認められる。（6b）（7b）が非文となることから、非名詞性

も認められる。

(3) a 双方おもてに こそ／∅ 出さないが、吉田と高橋とはあまり相性がよくなかった。
　　b 不景気でもしっかりした得意先があるから こそ／∅、店も何とかやっていける[1]。
(4) a 幾多の冒険をくぐり抜けてこそ新しい世界が開ける。
　　b 幾多の冒険をくぐり抜けてこそ開ける新しい世界
(5) a 彼の作品は光の描き方をこそ評価すべきだ。
　　b 光の描き方をこそ評価すべき彼の作品
(6) a 子供達こそが先生の活力の源泉であった。
　　b *先生の活力の源泉であった子供達こそ
(7) a 安全保障こそ政府は最も戦略的に望まなければならない。
　　b *政府が最も戦略的に望まなければならない安全保障こそ

　次に見るように文の種々の成分に後接でき、分布もかなり自由である。「こそ」は一般に格助詞に前接せず、その点も従来係助詞とされた根拠の一つとなったが、(8a)のように「が」には前接できる[2]。また、(8d)(8e)のような「理由」を表す「～ば」節、「～から」節に後接できる点は、他のとりたて詞にない特徴である。

(8) a 今は沈着と冷静こそが求められる時だ。
　　b 高品質で豊富な材料からこそいい品物が生まれるのである。
　　c 表面上は従順そうにこそ見えるが、心の中には鋭い刃を隠している。
　　d 瑞鶴は搭載機を失いこそすれ、艦自体は無傷であった。
　　e 金に不自由がなければこそ、一戸を構えて見る気になったのだ。
　　f あなたがいるからこそ私は頑張れるのです。

ただし、活用語の連用形に後接する際は、多くの場合、(8c)のように「〜こそすれ」「〜こそするが」等の形で主節に続く逆接の従属節に現れる。古語の「こそ」の係助詞としての特徴が残っているものと考えられるが、これも他のとりたて詞とは異なる「こそ」の特徴である。

7.2 とりたて詞「こそ」の意味

ここでは次に見られるようなとりたて詞「こそ」の意味について考察する。

(9) a 逆境と闘う精神力のある子供の絵こそが美しいし、迫力がある。
　　b 今は、現在の現実問題にこそ、心を集中するべきだ。
　　c こういう非常の時にこそ人間の性格はその輪郭をはっきりあらわすものだ。

　寺村 (1991: 96–97) では「X こそ P」と言う時、「こそ」は「排他」の「が」と同様、「P であるのは X だ」というのに等しいという。「が」と「こそ」の違いはあるが、述語「P」に結びつけるべき補語として「X」と「X 以外」をとらえる限りでは、両者は共通するというのである。青木 (1993: 18–19) にも同様の指摘がある。
　「こそ」が名詞をとりたてる場合、名詞述語文の主格名詞である場合が多い。そして先述の通り、「こそ」は他の格助詞には前接しないが、主格名詞をとりたてる場合に限り、(9a) や次の (10) のように「が」を後接させて現れることができる。

(10) 　ライオンこそが百獣の王だ。

　(9a) や (10) から「こそ」を除いた文でも、「が」が「排他」の解釈であれば寺村 (1991)、青木 (1993) と同様に解釈できる。

(9′) a 逆境と闘う精神力のある子供の絵が美しいし、迫力がある。
(10′)　ライオンが百獣の王だ。

　(9a)と(9′a)、(10)と(10′)はいずれも次の(11a)(11b)のように解釈できる点で共通するのである。

(11) a 美しいし、迫力があるのは、まさに逆境と闘う精神力のある子供の絵だ。
　　 b 百獣の王であるのは、まさにライオンであって、他の動物ではない。

　このことからも、寺村(1991)、青木(1993)の指摘は首肯できる。
　このようにとらえた上で、寺村(1991:96)は「こそ」と「が」の相違は、「が」が「X以外」を一括して排除するのに対し、「こそ」は「X」を「P」にあてはまる最もふさわしいものとして、その最高位にあるものとする点にあるとする[3]。
　一方青木(1993:19)は、「こそ」は「X」と「X以外」から「X」を取り出し、「X」についてだけ評価を与え、他は評価判断の対象としないと言う。因みにここで「評価判断の対象にする」とは、話し手が対象を「それが最も適当な(最もよい)ものとして他と区別する」(同:21)ことである[4]。
　寺村(1991)と青木(1993)の「X」に対するとらえ方は共通する。「Xこそ」を別の表現で言い換えようとすると、「まさにX」という表現が自然に現れること等からも、「X」を「最高位にあるもの」「最も適当なもの」ととらえるのは妥当な記述と言えよう。そして、青木(1993)は「X以外」がどのように排除されるかについて、「評価判断の対象としない」として、寺村(1991)の記述をより厳密にしたものであり、本書もこれを支持する[5]。
　さて、以上のことを踏まえて、本書で述べるとりたて詞の意味論的特徴から「こそ」の意味を考えてみたい。改めて先の(10)を例に考える。

(10) ライオンこそが百獣の王だ。(再掲)

(10)は「ライオン」を「自者」としてとりたて、(12a)を「主張」、(12b)を「含み」として解釈できる。

(12) a ライオンが百獣の王である。
　　 b 百獣の王であるとするのに最もふさわしいのはライオンであり、ライオン以外の動物―例えば熊―は百獣の王であるか否かについて問題にならないと思う。

(12a)から(10)の「主張」は「自者」「ライオン」について「ライオンが百獣の王だ」の文が述べる事柄は真として「肯定」する「自者―肯定」である。他方(12b)の「含み」は、次のように考えられる。「自者」「ライオン」は「百獣の王だ」と肯定される、つまり「自者―肯定」だが、ここでの「肯定」は「自者」「ライオン」を「百獣の王だとするのに最もふさわしいものと思う」こと即ち「想定」である。ただし、「意外」の「さえ1」等のような「想定」ではなく、「ライオン」を「百獣の王だ」と言うことの適切性、妥当性に関わる「想定」である。そこでこれを「評価[6]」を含む「想定」とする。一方「他者」「ライオン以外」は「問題にならないと思う」即ち「百獣の王だ」とするのに最適のものとして評価する対象ではないとして「否定」される、「他者―否定」である。

このようなことから、「こそ」の意味を「特立」とし、次のように示す。

(13) 「こそ」 主張：断定・自者―肯定
　　　　　　 含み：想定・自者―肯定
　　　　　　　　　　他者―否定
　　　　　　 二次特徴：「想定」は最適か否かに関する評価を含む。

なお、上に見た単文中の「こそ」の他に、「こそ」は先に見たとおり、次のような様々な位置に現れる。

(14) a おもてに<u>こそ</u>出さないが、彼らはあまり馬が合わなかった。
   b ここで彼女を突っぱねて<u>こそ</u>、男の価値が上がるというものだ。
   c 子育ては大変なことも多いが、子供がいる<u>から</u>こそ頑張れるという面もある。
   d お前のためを思えば<u>こそ</u>、小言の一つも言いたくなるのだ。
   e こちら<u>こそ</u>、失礼しました。

(14a)は従属節中に現れる「こそ」で、「譲歩」の「こそ」等と言われることのあるものである。(14b)〜(14c)は従属節をとりたてる「こそ」、(14e)は会話文に現れる「こそ」で、相手の発話に対する「反駁」を表すと言われる「こそ」である。

これらの「こそ」は単文中に現れる「こそ」とは、統語論的な制限で異なりがあり、また出現環境が会話文であるという特徴が加わることもある。そうした相違点を踏まえて、「こそ」の種々の用法について、あるいは個々の用法と「こそ」の意味の関係についても詳細に検討する必要があるが、これについては別稿に譲る[7]。

注
1 ただし、従属節をとりたてる次のような場合は、「こそ」が無いと許容しにくい。
   (1) 仕事をキチンとやって<u>こそ</u>プロじゃないか。
   ここでの「〜て」節も本書第2部第4章4.3で述べた「だけ」のとりたての場合と同様に条件節の代用と考えられる。
2 この場合の格助詞「が」は、現代語の用例に見られる「知る人こそぞ知る」等の「ぞ」、即ち古語の係助詞「ぞ」との関連等を考察する必要があるが、今後の課題とする。
3 この点については山中(1995)の記述も寺村(1991)とほぼ同様である。
4 青木(1993: 21–26)は、「こそ」文の持つ文末のモダリティ表現の制約を検討し、「ベ

きだ」に類するモダリティ表現と「こそ」が自然に結びつくことから、「こそ」における話し手の判断を「評価」とする。
5 「こそ」の意味は沼田（1986a、1988）でも考察したが、寺村（1991）、青木（1993）を踏まえて、先の考察を修正する。
6 厳密には、青木（1993）と完全に同じ意味で用いられる用語ではないが、青木（1993）に倣って「評価」と呼ぶことにする。
7 青木（1993）はこれらの「こそ」についても詳細に検討し、その意味が基本的には単文中の「こそ」と同様に考えられると述べている。また、この問題に関するこの他の研究にSano（2000）、佐野（2001）、丹羽（1997）、茂木（2006）等がある。

第 8 章　「など」(「なぞ」「なんぞ」「なんか」)

8.1　3 種の「など」(「なぞ」「なんぞ」「なんか」)

　現代日本語の「など」は、山田 (1952: 329、同 : 338) 此島 (1966: 266–267) 等によれば「なにと」を語源とし平安期に入って成立したものである。不定指示詞「なに」と並列詞「と」から出発した「など」は歴史的変遷の過程で様々な用法を分化させ、現代語に至っている。そのため、現代語「など」には、その統語論的特徴、意味論的特徴の異なりから、並列詞、「擬似的例示[1]」のとりたて詞「など₁」、「否定的特立」のとりたて詞「など₂」の三つが存在する。

　ところで、「など」とほぼ同義の語に「なぞ」「なんぞ」「なんか」がある。これらにもそれぞれ「並列詞」に加え、「擬似的例示」と「否定的特立」の二つの「なぞ」「なんぞ」「なんか」がある。

　「擬似的例示」や「否定的特立」のとりたて詞としては、「など」より「なぞ」「なんぞ」「なんか」の方が実際の用例には現れやすいかもしれない。また、文脈なしに用例を見た場合は、「など」より「なんか」等の方がとりたて詞としての解釈がしやすい。「なんか」等は「など」より口語的な語形と考えられるが、このことは「擬似的例示」にしろ「否定的特立」にしろ、とりたて詞としての「など」や「なんか」が口語表現で発達したものであることを窺わせる。

　「など」「なぞ」「なんぞ」「なんか」には、並列詞としても、とりたて詞としても、文中での分布、文体的特徴など異なる点があるが、これらの違いは別の機会に論ずることにし、本章では四者が共通する範囲で考え、「など」

を中心に考察することにする。

　ともあれ、とりたて詞「など」の考察に入る前に、以下でまず、並列詞の「など」について簡単に見ておきたい。並列詞「など」について詳しくは本書第1部第5章で見たが、次のようなものがその例である。

（1）a　小さな男の子が、蝶、トンボ、カブトムシなどに、夢中で見入っている。
　　　b　炊事と家計管理が夫の分担で、その他の掃除などは彼女の分担になっていた。
　　　c　担当者が経済新聞やスポーツ雑誌、スキー専門雑誌などから新しいスキー板についての情報を集める。

　例えば(1a)は、「カブトムシ」に後接する「など」が、「蝶、トンボ、カブトムシ」を並列し、全体で一つの名詞句を構成し、その名詞句が格助詞「に」を後接させる。「など」を含めた「蝶、トンボ、カブトムシなど」全体が名詞であることは、これを連体修飾を受ける主名詞の位置においた次が成立することから確認できる。

（1'）a　小さな男の子が夢中で見入っている蝶、トンボ、カブトムシなど

　つまり「など」はそれ自体が名詞であるわけではないが、名詞の一部になるのである。この点でとりたて詞とは異なる。
　とりたて詞の「など」は、「擬似的例示」の「など$_1$」、「否定的特立」の「など$_2$」に分けることができるが、これらについて、以下で見ていくことにする。

8.2　とりたて詞「など」の統語論的特徴

「擬似的例示」の「など$_1$」と「否定的特立」の「など$_2$」の区別は意味の違

いによるものだが、この点については後述するとして、ここでは両者の統語論的特徴を見ていきたい。

「など₁」と「など₂」は共に、とりたて詞の一般的な統語論的特徴を持つ。特に分布はとりたて詞の中でも自由な語で、名詞句や、副詞句、述語に後接するだけでなく、格助詞への前接、所有の「の」への前接の他、引用節の中にあって、その引用節をとりたてることもある[2]。次に具体的な例をあげる。

（２）a ご謙遜なさっていらっしゃいますが、今回の出品作など₁、監督ご自身も相当に自信を持っていらっしゃるのではありませんか。
　　　b 一度、機械に詳しい酒井さんなど₁に相談するのもいいかもしれない。
　　　c 週末にふらりとなど₁出かけてみるのにもいい場所です。
　　　d 目元にこういった暖色系のシャドーを少しだけ足したりなど₁してみるのも、違ったニュアンスが出て、おしゃれです。
　　　e ねえ、貴子ちゃん、笑っているけど、貴子ちゃんなど₁のお婿さんは、きっと随分素敵な方なんでしょうね。
　　　f 次に会うときは何を着ていこうかなど₁とニンマリしながら思いめぐらすのも、恋をしているからなのだろう。
（３）a 他人の噂話など₂何の興味も感じない。
　　　b 彼をライバル会社など₂へヘッドハンティングされては困る。
　　　c こんなところでのんびりとなど₂していられない。
　　　d 機密情報を外部に漏らしなど₂していない。
　　　e 意地の悪い上杉など₂の力を借りるのは避けたかった。
　　　f 彼を馬鹿だなど₂と口が裂けても言わない。

ただし、本書第１部第２章でも述べたとおり、「など₁」「など₂」は、次のように所有の「の」に前接しても名詞句の外に位置しても多くの場合同義の解釈ができたり、引用節中に現れても、意味的には引用節の外に位置する

場合と違いがない。この点は「だけ」等と異なる。

(2') e ねえ、貴子ちゃん、笑っているけど、貴子ちゃんのお婿さん<u>など</u>₁は、きっと随分素敵な方なんでしょうね。
　　 f 次に会うときは何を着ていこうかと<u>など</u>₁ニンマリしながら思いめぐらすのも、恋をしているからなのだろう。
(3') e 意地の悪い上杉の力<u>など</u>₂を借りるのは避けたかった。
　　 f 彼を馬鹿だと<u>など</u>₂口が裂けても言わない。

　任意性も認められ、例えば(2b)(3b)等は次のように「など₁」、「など₂」が無くても文は成立する。

(2') b 一度、機械に詳しい酒井さん<u>Ø</u>に相談するのもいいかもしれない。
(3') b 彼をライバル会社<u>Ø</u>へヘッドハンティングされては困る。

　次のような場合、連体修飾を受ける主名詞の一部になれないことから、非名詞性も認められる。

(4) 香奈さん<u>など</u>₁はその意味では典型的な「お嬢様思考」だ。
　　→*その意味では典型的な「お嬢様思考」の香奈さん<u>など</u>₁
(5) 大事な勝負どころでボール球<u>など</u>₂に手を出した。
　　→*大事な勝負どころで手を出したボール球<u>など</u>₂

　連体文内性も次のとおり認められる。

(6) 藤田君<u>など</u>₁に学生のまとめ役を引き受けてもらうと有り難い。
　　→藤田君<u>など</u>₁に引き受けてもらうと有り難い学生のまとめ役
(7) 妹が結婚式当日に交通事故<u>など</u>₂に巻き込まれてしまった。
　　→結婚式当日に交通事故<u>など</u>₂に巻き込まれてしまった妹

8.3 「擬似的例示」の「など₁」

（8） a 竹本さんなど₁、来春結婚する 10 組の中に入ってるんじゃないの。
　　　b これなど₁ お客様によくお似合いになると存じますが、…。

　(8a)(8b)が「擬似的例示」の「など₁」の例である。
　(8a)(8b)の「など」は、並列詞のように他の要素を列挙するわけではない。しかしそれがあることにより、とりたてる「自者」「竹本さん」や「これ」に対し、「他者」が存在するかのようなニュアンスを持たせる。「例えば竹本さん」というふうに、あたかも「竹本さん」をそれ以外の「他者」が存在する集合の中から一例として示す感じである。
　(8a)の「など」は「竹本さん」を「自者」としてとりたてると解釈でき、次の(9)を主張とする。

（9） 竹本さんが来春結婚する 10 組の中に入っている。

　(9)では、「自者」「竹本さん」が「来春結婚する 10 組の中に入っている」と「肯定」される。そして、「含み」では、「他者」である「竹本さん」以外の誰かが、「来春結婚する 10 組の中に入っている」ことが真であるかのごとく「肯定」される。「主張」である(9)は、この文が真であると「断定」されるが、「含み」は架空の「他者」のみせかけの「肯定」であるから「他者―肯定」の「擬制」である。
　そこでこの「など₁」の意味を「擬似的例示」とし、次のように表示する。

（10）「など₁」主張：断定・自者―肯定
　　　　　　含み：断定・他者―肯定
　　　　　　二次特徴：「含み」は擬制

ところで第2部第1章で述べたとおり、「累加」の「も₁」と「擬似的例示」の「など₁」は、「他者」をぼかして示すことで、次のようにいずれも婉曲的な表現に用いられることがある。

(11) 彼　も₁／など₁　今回は本当によくやってくれた。

「も₁」と「など₁」は上の共通性から、次のように「など₁」に「も₁」が後接して現れることも多い。

(11′) 彼　など₁も₁　今回は本当によくやってくれた。

しかし、両者は意味の違いにより、次のような場合、いずれか一方が非文となる。

(12) a　お客様、これ　*も₁／など₁　いかがでしょうか。
　　 b　宴　も₁／*など₁　たけなわですが、この辺でそろそろお開きに致したいと思います。

(12a)は、何か一品、客に選んで勧めているような場面では「も₁」は不自然になる。

先述の通り、「も₁」は「他者―肯定」の「断定」を「前提」とするもので、それに「自者」を「累加」する。そしてこれは上のような不定用法の「も₁」でも変わりない。そこで、「累加」の「前提」となるべき「他者」が存在しない(12a)の場合は非文となる。(12a)で「も₁」を使うと、二品目、三品目を勧める意味が生じてしまうからである。

一方、(12b)は、何と具体的に特定されず、同類の事柄のかなり漠とした形での総体として存在している「他者」に「自者」を加えることで、その場の状況の進展を婉曲的に示す場面であり、そのことで、後続の表現「この辺でそろそろお開きに致したいと思います」を述べる背景作りが行われる。こ

れが可能なのは「も₁」であり、「他者―肯定」を「擬制」するだけの「など₁」では不自然になるのである。

8.4 「否定的特立」の「など₂」

次に「否定的特立」の「など₂」について考える。

(13) よりにもよって、太郎など₂がやって来た。

(13)の「主張」は次である。

(14) 太郎がやって来た。

(14)では「太郎」を述語句「やって来た」に対し、「太郎がやって来た」を真として「肯定」する。つまり「主張」は「自者―肯定」の「断定」である。また(14)の意味は次のように解釈できる。

(15) 太郎はやって来ないと思った。その太郎がやって来た。

(15)をそのまま考えると(13)の「含み」は「自者」「太郎」は「やって来ないと思った」、つまり「自者―否定」である。同時に、「思った」のであって「太郎がやって来ない」という文が真であると「断定」しているわけではないから、話し手の「想定」である。しかし、この「想定」は「意外」の「さえ₁」などの「想定」とは質的に違いがある。(13)の「など」を「さえ」におきかえた次は不自然になる。

(16) ?よりにもよって、太郎さえ₁やって来た。

(16)が不自然になるのは、「よりにもよって」があるためである。これを

除いた

(17) 太郎さえ₁やって来た。

なら不自然さは解消される。これに対し、「など₂」は、「よりにもよって」や「こともあろうに」等の副詞句が共起した方が、「など₂」としての解釈が安定する。これらがなければ、(13)でも「擬似的例示」の「など₁」や並列詞の「など」の解釈もあり得よう。また、これらの副詞句は修飾する文に示される事柄の不適切さを表すものである。そこで、(15)の「想定」は、「さえ₁」等のような単純な「想定」ではなく、そこで述べられる事柄の適切性が加わるものであると考えられる。

　因みに、森田(1980: 365)では「など」が前接する名詞を低く評価する「軽視・謙遜」の用法があることを指摘する。また寺村(1991: 188)では森田(1980)の指摘を受け、「XなどP」の「X」について、「話し手の頭のなかに、なにか非常に〈高い存在〉があって、それとの関連で、Xのように〈低い〉ものがPすることが思いもよらないことだ…」という記述がある。確かに次を見ると、特に文脈がない限り、このままでは(18a)には謙遜が感じられるが、(18b)には特にはそれが感じられない。

(18) a 私など₂にできるんだから、あなたなら大丈夫です。
　　　b 私にさえ₁できるんだから、あなたなら大丈夫です。

　こうした記述も、「など₂」の含みの想定が事柄の妥当性や適切性といったことに関わるもの―これを「評価」と呼ぶことにする―を含むことを示すものと考える[3]。

　(13)に戻ると、ここでは「太郎がやって来た」という文が真となることの適切性が、「そんなことは起こるべきでない」と話し手によって「否定」されているのである。そこでひとまず「など₂」の「含み」には「自者―否定」と「評価」する「想定」があると考えておく。「自者」「太郎」が「やって来た」

の中で、特に否定的に特立されていることから、この「など₂」の意味を「否定的特立」と呼ぶのである。

　さて、「さえ₁」等の「想定」に対し、「など₂」の「想定」はそのあり方にさらに限定が加わるものである。従って、前者が無標の「想定」であるのに対し、後者は有標の「想定」と言うことになる。「まで」や「ばかり」「しか」などで見た二次特徴とは異なるが、この「評価」を含む「想定」もまた、二次特徴の一つである。

　では「他者」に関してはどうか。「他者」に関しても、「他者―肯定」の「評価」を含む「想定」があると考えておくのがよいように思われる。

　(16)に戻って「さえ₁」文と比べて見よう。

(16)　?よりにもよって、太郎さえ₁やって来た。(再掲)

　仮に(16)を許容した場合でも、文の意味が(16)と(13)とは異なる。

(13)　よりにもよって、太郎など₂がやって来た。(再掲)

　(16)では、「さえ₁」の含みにより「他者―肯定」が「想定」され、前後の文脈で特にうち消されない限り、「太郎以外がやって来る」ことが実際にも起こったことを含意し得る。しかし、(13)では、前後の文脈のあり方如何に関わらず、こうしたことはない。

　また、上に見た「さえ₁」の「想定」での「他者―肯定」との質的な差以外に、確かに(13)の場合は、「太郎」が著しく適切性を欠くものとして示され、「他者」は問題にされていないようにも受け取れる。しかし「太郎」の背後に、漠然とだがやはり述語句「やって来た」に対して、社会通念から妥当だと肯定的に「想定」される「他者」があるように思われる。それは例えば、仲良しの友人―例えば次郎や花子―と考えられる。ただ、「やって来て」当たり前の「他者」は、当たり前であるが故に意識されにくいだけなのでは

ないか。また、適切な「他者」と不適切な「自者」の差、加えて「主張」で適切性を欠くと見る「自者―肯定」が「断定」されることが、「自者」「太郎」を一方的に強調するように見えるのではないかと思われる。

　実際に用例を見ると、「他者」が現れず文脈からも特定できない例もあるが、一方で明示される次のような例もある。

(19)　……なぜポケット・ダイアリーの編集子が、こともあろうにワインの収穫年の善し悪しなどとりあげる始末になったのか、…国際的に行動するビジネスマンに役立つ普遍的な事項として、世界各国主要都市間の時差や空港名、都心までの距離、ホテル所在地、電話番号など、必要度が最も高いと見ることに異論はなかろう。それから先、情報量を増やすことは容易である。許された僅かのページ数に、それらの中の何からのせるか。……ヴィンテージ・チャートは他の情報とせり合い、そして度量衡換算表とともに勝ち残ったのであろう。（点線部分が「他者」）　　　（麻井宇介『ブドウ畑と食宅の間』中央公論社：78）

　以上のことから、「など₂」の「含み」における「想定」には「他者―肯定」の「評価」が含まれると考える。

　そこで、「否定的特立」の「など₂」の意味を次のように表示する。

(20)　「など₂」主張：断定・自者―肯定
　　　　　　　含み：想定・自者―否定／他者―肯定
　　　　　　　二次特徴：「想定」は評価[4]を含む

　ところで、沼田(1988: 195)では次のような「など（なんか）」を間投詞化したものと考えた。

(21)　a　お前など死んでしまえ！
　　　 b　今、お茶など飲みたくない。

沼田(1988)では、(21a)、(21b)の「お前」や「お茶」は「他者」の存在が感じられないことから、「など」は「自者」・「他者」の関係を表すのではなく、先行語句である「お前」や「お茶」を強調するだけだと考えた。そこで、田中(1977)がこのような「など」を特定語句強調の間投助詞とするのに従い、間投詞としたのである。

確かに、間投詞とした「など」は相手を非難する等、話し手が会話の相手に向かって感情をぶつけるような表現に現れることが多く、述語の命令形等のモダリティを担う要素と共起する等、「など」が現れる一定の環境が考えられる。これを命令形等の要素との呼応と考えれば、「など」を間投詞とすることも間違いではないように思われる。

しかし上でも述べたとおり、「否定的特立」の「など$_2$」は、他のとりたて詞「だけ」等と異なり、「など$_2$」のとりたてる「自者」に対する「他者」が文脈に現れないことも多く、具体的に想定し難い場合が少なくない。その点では、間投詞の「など」と大きく異ならない。「他者」が感じられず専ら先行語句を強調するかのように見えるのは、モダリティを担う要素と共起した場合だけには限らない。つまり間投詞と考えた「など」の意味は、とりたて詞の統語論的特徴とは異なる、特定の特徴と連動するようなものではないのである。

こうしたことから、(21)のような「など」も「否定的特立」の「など$_2$」の中に含めて考えることに改めたい。ただし、(21)のような「など」や田中(1977)等の記述を見る限り、「否定的特立」の「など$_2$」がモダリティを担う要素と連続的であることは押さえておく必要がある。

なお、上では肯定述語と共起する「など$_2$」について考えたが、実際は、「など$_2$」は否定述語や否定的意味の述語と共起することが多い。しかしこうした場合も、文の意味解釈の上では、「など$_2$」は肯定述語と共起していると考えられることが多く、これまでと同様に考えられる。以下ではこの点について、若干の考察を加えておきたい。

(22) a 太郎となど₂会わない。
　　 b 太郎と会わないなど₂ということをする。
　　 c 太郎と会うなど₂ということはしない。

　(22a)は(22c)の解釈はできるが(22b)の解釈はできない。従って、(22a)の「など₂」の作用域はその中に否定辞「ない」を含まない(22′)のように考えられる。

(22′)　(太郎となど₂会わ)ない。

　次の(23)も表面上は否定述語と共起している例だが、「など₂」の作用域は(23′)のようになる。

(23) a 幸ちゃんとなど₂一緒に遊ばない。
　　 b サルのことなど₂かまったり、いじめたりしていられない。
　　 c 娘のことなど₂言っていない。
　　 d トイレでなど₂遊んでいないで！

(23′) a (幸ちゃんとなど₂一緒に遊ば)ない。
　　　b (サルのことなど₂かまったり、いじめたりしていられ)ない。
　　　c (娘のことなど₂言ってい)ない。
　　　d (トイレでなど₂遊んでい)ないで！

　つまり、「など₂」文の解釈に関わる基準述語句[5]は否定辞より内側、肯定述語を中心とした範囲であり、その点では、「など₂」が共起しているのは肯定述語と考えられるのである。
　次の例は多少複雑だが、基本的には、上と同様に考えられる。

(24)　お母さんなど₂大嫌い！

(24)は「など₂」が肯定述語と共起しているが、「お母さん」が「大嫌い」である適切性が「否定」されるのではない。むしろ(24)は次のように、否定述語と置き換えた文で「など₂」の作用域を考えるのと同義になる。そしてこの場合も、「など₂」の作用域は否定辞を含まず、(23)と同様に考えてよいことになる。

(24′) （お母さんなど₂好きで）はない！

ただし、「など₂」が否定述語と共起した場合、常に作用域内に否定辞が含まれないかどうかは詳しく考察をする必要がある。格助詞が後接し、可能述語等の状態性の述語が共起した場合や、反語的になる場合には、作用域内に否定辞が含まれる解釈が出やすくなる。特に格助詞「が」が後接した場合はこの傾向が顕著で、こうした解釈の方が優勢である。次の(25a)でも、(25b)の解釈はできるが、(25c)は難しい。

(25) a　ひらがななど₂が書けない。
　　 b　ひらがなが書けないなど₂ということがある。
　　 c　ひらがなが書けるなど₂ということはない。

この点は注意すべきであり、この現象の詳しい考察が必要である。さらに「など₂」の否定述語との共起に関しては、次のような場合に義務的に否定述語と共起するという現象もある。

(26) a　一緒に暮らしたくなくなど₂ない。でも仕事も捨てられないのよ。
　　 b *一緒に暮らしたくなくなど₂ある。だから結婚を先延ばしにしているのよ。
　　（c　一緒に暮らしたくなど₂ない。だから、結婚を先延ばしにしているのよ。）

(26)は「一緒に暮らしたくない」という否定述語句を「など₂」がとりたてる例だが、(26a)は許容されるが(26b)は非文となる。因みに(26b)は(26c)と同義に解釈でき、(26c)なら正文である。つまり「など₂」は否定述語に後接した場合は、義務的にもう一度否定述語を後接させるのである。

　こうした現象についても詳しく考察する必要があるが、これらについては、別の機会に譲る。

注

1　「擬似的例示」は沼田 (1986a、1988) では「柔らげ」とした。
2　ただし、「なんか」は引用節の中には入りにくいようだ。
3　ただし、ここでの「評価」はとりたてられる要素やそれについて述べられる事柄の好悪、あるいは高低の評価とは無関係である。これについては沼田 (1988: 193) を参照されたい。
4　同じく「想定」に「評価」が含まれる語に「こそ」「くらい」があるが、「こそ」は当該の対象を「最適としてよいか否か」の「評価」である点で、「など₂」とは異なる。
5　本書第1部第4章4.2 を参照されたい。

第 9 章　とりたて詞の意味体系

本書第 2 部では、これまでとりたて詞の個々の語をとりあげ、各語の統語論的特徴と意味論的特徴を見てきた。ここでは特に意味論的特徴からとりたて詞全体を概観し、その体系について考察したい。なお、上では「は」「だって」「でも」「くらい」「なんて₁」「なんて₂」についての考察を残しており、とりたて詞各語を全て考察することはできなかったが、以下ではできる限りこれらをも含めて考えることにする。

まず、次に改めてとりたて詞各語とその意味の一覧[1]を示す。

表 1　とりたて詞一覧

とりたて詞	意味	とりたて詞	意味
は	対比	だけ	限定
も₁	累加	のみ	限定
も₂	意外	ばかり	限定
まで	意外	しか	限定
さえ₁	意外	こそ	特立
さえ₂	最低条件	など（なんか、なぞ、なんぞ）₁	擬似的例示
すら	意外	なんて₁	擬似的例示
だって	意外	など（なんか、なぞ、なんぞ）₂	否定的特立
でも	選択的例示	なんて₂	否定的特立
くらい（ぐらい）	最低限		

とりたて詞各語の意味は、それぞれ 4 組 8 個の基本的特徴と二次特徴の組み合わせで表示できたが、これをまとめるととりたて詞が互いに意味上の体系をなしていることがわかる。次にこれを表にして示す。

表2　とりたて詞の意味体系

意味特徴 とりたて詞	主張 断定	主張 自者	主張 肯定	含み 断定	含み 自者	含み 肯定	二次特徴
も₁	+	+	+	+	−	+	
など₁	+	+	+	+	−	+	「含み」は擬制
さえ₂	+	+	+	+	−	+ (不要)	「肯定」「不要」の判断は後件成立の条件として
まで	+	+	+	− +	+ −	− +	自者は自者・他者で構成する序列上の最端要素
も₂	+	+	+	− −	+ −	− +	
さえ₁	+	+	+	− −	+ −	− +	
すら	+	+	+	− −	+ −	− +	
など₂	+	+	+	− −	+ −	− +	「想定」は評価を含む
だけ	+	+	+	+			
のみ	+	+	+	+			
ばかり	+	+	+	+		−	個別的視点
しか	+	+	−			+	二重視点
こそ	+	+	+	− −	+ −	+ −	「想定」は最適か否かに関する評価を含む

表注：とりたて詞の欄では、「なんか」「なぞ」「なんぞ」は「など」に含めて表す。また、「断定」の欄の「+」は「断定」、「−」は「想定」を示す。「自者」の欄の「+」は「自者」、「−」は「他者」を示す。「肯定」の欄の「+」は「肯定」、「−」は「否定」を示す。

　上で見るとおり、とりたて詞は「しか」以外は全て、「主張」が「自者─肯定」の「断定」で同じになる。従って、個々のとりたて詞の意味の違いは、基本的に「含み」の内容の違いが反映したもので、「含み」の様相を見ることでとりたて詞全体の意味の様相をより端的にとらえることができる。そこで上の体系を特に「他者」がどのようにとらえられるかを中心に「含み」を見て表にすると、次の表3のようになる。表3では、「他者─肯定」か「他者─否定」かが横軸、それが「断定」か「想定」か、「想定」の場合は「評価」を含むか否かが縦軸になっている。

表3 とりたて詞の体系[2]

		他者―否定	他者―肯定	
断定		だけ のみ ばかり	も[1] まで	など[1] （なんて[1]） （でも） さえ[2]
想定	評価無し		も[2] さえ[1] すら だって	
想定	評価有り	こそ	など[2] （なんて[2]） （くらい）	

表注：……で囲んだ部分は、「含み」でも「自者」に対する「肯定」・「否定」が「想定」される語群を示し、– – –で囲んだ部分は、その中でも「含み」の「想定」中で「自者」と「他者」の「肯定」・「否定」が対立する語群を示す。

　表2、表3を見るととりたて詞が、まず、含みにおいて**「他者―否定」**系の語群と**「他者―肯定」**系の語群に大きく二分できること、一方で、「含み」が「想定」であるか否か、「想定」が「評価」を含むものか否かで、いわば**「断定」類、「単純想定」類、「評価想定」類**に三分できることが分かる。

　「他者―否定」系と「他者―肯定」系を比べると、「他者―肯定」系の語群が豊かであり、「断定」類でも「など[1]」や「さえ[2]」のように単純な「他者―肯定」ではなく、それが「擬制」である、あるいは「後件成立の条件として」である等の二次特徴を持つもので、「他者―肯定」の有り様の「断定」類、「想定」類等とは別の方向への広がりも見られることが分かる[3]。強いて言えば、類に分かれてのとりたての有り様はどのようにとりたてるかの広がりであり、「など[1]」や「さえ[2]」等に見られるのは何をとりたてるかの広がりと言えるかもしれない。他方、「他者―否定」系はそれに比べると属する語群は少なく、「単純想定」類には所属する語が無い。

　また、「単純想定」類、「評価想定」類は、「自者」「他者」が対等な位置づけでなく、ある種の傾きを持ってとらえられる語群である。従って「自者」

「他者」が「肯定」・「否定」で対立的にとらえられるのが一般的である。「くらい」については詳述できていないが、「くらい」は「評価」を含む「想定」内で、「自者」を「最低限」としつつ、「自者」「他者」共に「肯定」される語であり、その中では特殊な語といえる。さらに「まで」は「含み」の「自者―否定」が「想定」、「他者―肯定」が「断定」で、いわば「断定」類と「単純想定」類の両者にまたがる特徴を持つ語と言える。

　なお、本書では詳述する余裕がないが、「断定」類、「単純想定」類、「評価想定」類の三分は、そこに属する語群が文の階層構造上のどの段階で機能するかにも関連がある。とりたて詞各語の文末制限等、出現環境と文の階層構造上の位置の関係については、沼田（2002、2003 等）でも考察したが、十分な考察ができていない。これらについては今後の課題とする。

注
1　「だって」「なんて」は本書では詳しく考察できていないが、基本的には「だって」は「も₂」等と、「なんて」は「など」等と類義的である。沼田（1986a）では、「でも」の意味を「選択的例示」（同 1986a: 177–180）、「くらい」を「最低限」（同 1986a: 209–213）とした。沼田（1986a）の「くらい」、「でも」の考察は修正すべき点があるが、これは稿を改めて詳述する。
2　表3では「しか」と「は」を除いてある。「しか」は「主張」が「自者‐否定」で他と異なるためである。「は」は「含み」で「他者」の存在は意味するものの、「他者」については「肯定」・「否定」の判断をくださないものと考えられるためである。「は」「だって」「でも」「くらい」「なんて₁」「なんて₂」は、本書では詳しく考察できていないが、これらも他のとりたて詞同様、4組8個の基本的特徴で記述することができる。これらの語の詳細な記述は別稿に譲るとして、表には（　）でその結果のみ示す。
3　ここでは詳しく考察できないが、「なんて₁」は「など₁」と類義的であり、二次特徴として「含み」の「擬制」は共通する。また、「でも」はいわば可能性のとりたてで、「主張」と「含み」の「自者―肯定」や「他者―肯定」の判断は事態の出現可能性に関わるもので、単純な「断定」ではない。これについては稿を改めて詳述する。

終章

　本書のこれまでの議論で、日本語の「とりたて」についての記述的研究の一環として、とりたての中核を成すとりたて詞について、その統語論的、意味論的、種々の特徴を記述し、とりたて詞に属する語群がどのような体系を成すか、その一端を明らかにした。

　また、いわば狭義とりたてから広義とりたてへの広がりの様相をもとらえるべく、とりたて詞周辺に広がる他の範疇に属する語群ととりたて詞の連続性と差異についても考察した。

　とりたて詞は、文構成には直接関与しない任意の要素で、専らとりたての機能を果たすものであるが、これまでの考察を通し、次のようにとらえることができる。

（1）　とりたて詞は、文中の種々の要素を「自者」とし、自者と範列的に対立する他の要素を「他者」とする。そして、「自者」について明示される文である「主張」と、「他者」について暗示される文である「含み」を同時に示し、両者の論理的関係を表す。その論理的関係は、「断定」と「想定」、「肯定」と「否定」のような対立する概念で表される。

　要するにとりたて詞は、「主張」として明示された述語句に対し、「含み」として暗示されるこれと範列的に対立する述語句を、「断定」と「想定」、「肯定」と「否定」のような対立する概念の組み合わせで表されるという程度の意味での論理的関係で、結びつける役割を果たすのである。

また、とりたて詞に含まれる語には次のものがある。

（２）「も₁」「も₂」「まで」「さえ₁」「さえ₂」「すら」「だって」「でも」「だけ」「のみ」「ばかり」「しか」「こそ」「なんか₁」「なんぞ₁」「なぞ₁」「なんて₁」「など₂」「なんか₂」「なんて₂」「なんぞ₂」「くらい（ぐらい）」「など₁」「は」

（２）の各語の意味は、「主張・含み」「断定・想定」「自者・他者」「肯定・否定」の４組８個の基本的な「一次特徴」と各語に個別に見られる「二次特徴」とによって表すことができ、それらは互いに一つの体系を成すものである。

さらに、とりたて詞は「分布の自由性」「任意性」「連体文内性」「非名詞性」の四つの統語論的特徴を併せ持つ一つの品詞で、他の品詞に属する語群とは区別される。

しかしながら、とりたて詞は、元は名詞その他であった語が意味・用法の変遷を経、その過程でそれぞれの統語論的特徴を変化させて、上に述べた意味と統語論的特徴を持つに至った語群が一つの統語範疇を成すものである。そのため、同一語形で他の品詞に属する語群とも様々な連続性を持っている。

以上が本書の考察の内容であるが、とりたて詞に関して重要な問題である、とりたて詞が文の階層構造の中にどのように位置づけられるかについては十分な考察ができなかった。また、「でも」「だって」「くらい」「は」等についても詳しく考察できていない。これらについては、全て課題とし、別稿に譲る。

さらに、「とりたて」という観点から考えれば、今後次の方向での研究を深める必要がある。

1 とりたて副詞等の研究

本書のはじめに述べたように、とりたて詞以外にもとりたての機能を果た

すとりたて副詞等がある。とりたて詞とこれらの異同を押さえ、現代日本語において全体でどのような「とりたての体系」をなしているのかを考える必要がある。また、本書第1部第2章で、とりたて詞は一種の命題の複合化に関わる機能を果たす語であると述べたが、この点から見れば、接続詞等との異同、連続性についても考察する必要がある。

2　とりたて詞の歴史的研究、方言におけるとりたて詞の研究

　とりたて詞は、先述のとおり、元は名詞その他であった語群が意味・用法の変遷過程で統語論的特徴を変化させ、一つの統語範疇を成すに至ったものである。従って、とりたて詞の全容を正確にとらえるためには、各語の歴史的な変遷過程そのものを体系的に考察、記述することも必要となる。文献に基づく歴史的研究の限界を補う可能性のある方言研究をも視野に入れ、こうした研究を進める必要がある。

3　他言語との対照研究

　日本語のとりたて詞と類似の意味、機能を担う語は、英語、ドイツ語、中国語、韓国語等、他の言語にもある。日本語のとりたて詞は他言語と比べ、語形が豊富であること、文中での分布が相当に自由であること等から、日本語との対照が、他言語の研究に多くの示唆を与えるものと期待される。逆に、こうした対照研究は日本語研究における「とりたて」という概念の有効性を検討することにもなる。

　これらについても、今後、さらに研究を進めていきたい。

参考文献

青木三郎(1993)「「取り立て」解体論―記号・概念・限定・主体」『平成4年度筑波大学学内プロジェクト研究成果報告書個別言語学における文法カテゴリーの一般化に関する理論的研究』筑波大学文芸・言語学系
青木博史編(2007)『日本語の構造変化と文法化』ひつじ書房
青木玲子(1971a)「に」『日本文法大辞典』明治書院
青木玲子(1971b)「も」『日本文法大辞典』明治書院
青木玲子(1992)『現代語助詞「は」の構文論的研究』笠間書院
青柳宏(2006)『日本語の助詞と機能範疇』ひつじ書房
安部朋世(1993)「〈だけで〉を含む文における二義性」『筑波大学国語国文学』
安部朋世(1994)「〈とりたて〉におけるいわゆる〈自者〉と〈他者〉―ダケニ文とニダケ文との比較からみるダケ―」口頭発表於日本語学研究発表会(筑波大学)
安部朋世(1996a)「ダケデにおけるいわゆる〈他者不要〉の意味について」『日本語学』15-1 明治書院
安部朋世(1996b)「ダケによる〈限定〉と数量詞による〈修飾〉」『筑波日本語研究』1 筑波大学文芸・言語研究科日本語学研究室
安部朋世(1997)「ダケのスコープと文中における境界」『日本語と日本文学』24 筑波大学国語国文学会
安部朋世(1999)「「とりたて」のクライ文の意味分析」『筑波日本語研究』4
今仁生美(1993)「否定量化文を前件にもつ条件文について」『日本語の条件表現』くろしお出版
内尾久美(1973)「助詞の変遷」『品詞別日本文法講座助詞』明治書院
江口正(2007)「形式名詞から形式副詞・取り立て詞へ　数量詞遊離構文との関連から」『日本語の構造変化と文法化』ひつじ書房
大賀京子(1992)「日本語文副詞の特徴」卒業論文　筑波大学
大島資生(1995)「「は」と連体修飾構造」『日本語の主題と取り立て』くろしお出版
太田朗(1980)『否定の意味―意味論序説―』大修館
大野晋(1978)『日本語の文法を考える』岩波新書
奥津敬一郎(1966)「「マデ」「マデニ」「カラ」――順序助詞を中心として――」『日本語教育』9　日本語教育学会
奥津敬一郎(1973)「生成日本文法論」東京都立大学大学院人文科学研究科博士論文
奥津敬一郎(1974)『生成日本文法論』大修館
奥津敬一郎(1975a)「形式副詞論序説―「タメ」を中心として―」『人文学報』104 東京都立大学

奥津敬一郎(1975b)「程度の形式副詞」『都大論究』12 東京都立大学
奥津敬一郎(1978)『「ボクハウナギダ」の文法』くろしお出版
奥津敬一郎(1980)「ホド―程度の形式副詞―」『日本語教育』41　日本語教育学会
奥津敬一郎(1984)「不定詞の意味と文法―「ドッチ」について―」『都大論究』21　東京都立大学国語国文学会
奥津敬一郎(1985a)「不定詞同格構造と不定詞移動」『都大論究』22 東京都立大学国語国文学会
奥津敬一郎(1985b)「続・不定詞の意味と文法」『人文学報』173　東京都立大学人文学部
奥津敬一郎(1986a)「とりたて詞の分布と意味―「だけで」と「でだけ」―」『国文目白』52　日本女子大学
奥津敬一郎(1986b)「序章」「第1章形式副詞」『いわゆる日本語助詞の研究』凡人社
尾上圭介(1981)「「は」の係助詞性と表現的機能」『国語と国文学』58-5 東京大学国語国文学会
菅野宏(1964)「東京は神田の生まれ」『口語文法講座3 ゆれている文法』明治書院
菊地康人(1983)「バカリ・ダケ」『意味分析』東京大学
菊地康人(1999)「サエとデサエ」『日本語科学』6 国立国語研究所
菊地康人(2003)「現代語の極限のとりたて」『日本語のとりたて』くろしお出版
衣畑智秀(2007)「付加節から取り立てへの歴史変化の2つのパターン」『日本語の構造変化と文法化』ひつじ書房
教育科学研究会東京国語部会・言語教育サークル(1963)『文法教育その内容と方法』むぎ書房
工藤浩(1977)「限定副詞の機能」『国語学と国語史』明治書院
工藤浩(1982)「叙法副詞の意味と機能」『国立国語研究所報告71 研究報告集3』
工藤浩(1983)「程度副詞をめぐって」『副用語の研究』明治書院
工藤美沙子(1964)「ハとモ」『講座現代語6 口語文法の問題点』明治書院
国広哲弥(1967)『構造的意味論』三省堂
久野暲(1999)「「ダケ・シカ」構文の意味と構造」『言語学と日本語教育』くろしお出版
久野暲・モネーン多津子(1983)「「ダケ，ノミ，バカリ，クライ」と格助詞の語順」『新日本文法研究』大修館
小泉保(1990)『言外の言語学―日本語用論―』三省堂
国立国語研究所(1951)『国立国語研究所報告3 現代語の助詞・助動詞―用法と実例―』
此島正年(1966)『国語助詞の研究　助詞史素描』桜楓社
此島正年(1973)『国語助詞の研究　助詞史素描』(増訂版、1994四刷おうふうによる)
此島正年(1983)『助動詞・助詞概説』桜風社
小林典子(1987)「序列副詞―「最初に」「特に」「おもに」を中心に―」『国語学』151
小林好日(1970)『日本文法史』刀江書院
小林ミナ(1993)「疑問文と質問に関する語用論的考察―特にその スコープと焦点について―」『言語研究』104 日本言語学会

小柳智一(2001)「古代日本語における限定の副助詞」『筑波大学東西言語文化の類型論特別プロジェクト研究成果報告書平成12年度別冊日本語のとりたて』
小柳智一(2003)「限定のとりたての歴史的変化―中古以前―」『日本語のとりたて―現代語と歴史的変化・地理的変異』くろしお出版
小柳智一(2007)「第1種副助詞と程度修飾句―程度用法の構文とその形成―」『日本語の構造変化と文法化』ひつじ書房
近藤泰弘(2001)「記述文法の方向性―とりたて助詞の体系を例として―」『國文學』46-2 學燈社
阪田雪子(1971)「も」松村明編『日本文法大辞典』明治書院
坂原茂(1986)「さえの語用論的考察」昭和60年度科学研究費補助金一般研究(B)研究成果報告書(『金沢大学教養部論集：人文科学篇』23-2に再録)
佐久間鼎(1956)『現代日本語法の研究』恒星社厚生閣
佐久間鼎(1957)『現代日本語法の表現と語法』恒星社厚生閣
佐治圭三(1975)「現代語の助詞「も」―主題、叙述(部)、「は」に関連して―」『女子大文学国文編』26 大阪女子大学(『日本語の文法の研究』ひつじ書房　再録)
佐治圭三(1985)「「は」と「も」―係助詞、副助詞、前提助詞―」『日語学習与研究』1985年4,5号(『日本語の文法の研究』ひつじ書房再録)
定延利之(1993)「心的な情報処理操作と用法の派生―モをめぐって―」『高度な日本語記述文法書作成のための基礎的研究』平成4年度科学研究費補助金総合研究(A)研究成果報告書
定延利之(1995)「心的プロセスからみた取り立て詞モ・デモ」『日本語の主題と取り立て』くろしお出版
定延利之(2001a)「探索と現代語の限定のとりたて」『筑波大学東西言語文化の類型論特別プロジェクト研究成果報告書平成12年度別冊日本語のとりたて』
定延利之(2001b)「探索と現代日本語の「だけ」「しか」「ばかり」」『日本語文法』日本語文法学会
佐野真樹(1997)「ダケとデ、および場所格の具格化について」『日本語学』16-3
佐野真樹(1998)「名詞句の中に現れるダケとその作用域について」『立命館言語文化研究』10-3 立命館大学国際言語文化研究所
佐野真樹(2001)「とりたて詞コソとWH移動の共通性」『意味と形のインターフェイス(下)』くろしお出版
澤田治美(1978)「日英語文副詞類(SentenceAdverbials)の対照言語学的研究― Speechact 理論の視点から―」『言語研究』74　日本言語学会
澤田治美(1993)『視点と主観性―日英語助動詞の分析―』ひつじ書房
澤田美恵子(2000)「[文法の基礎概念]「とりたて」という概念の創出」『日本語学』19-5 明治書院
徐建敏(1988)「中国語の「也」と日本語の「も」―とりたての観点からみた対応―」『都大論究』25　東京都立大学

徐建敏(1993)「とりたての観点から見た日本語の「さえ」と中国語の「都」」『都大論究』30　東京都立大学
鈴木重幸(1972)『日本語文法・形態論』むぎ書房
鈴木重幸(1974)「パラディグマチックな関係とシンタグマチックな関係」『教育国語』37
曽我松男(1975)「係助詞「も」の構造についての一考察」『日本語教育』26　日本語教育学会
高山善幸(2001)「極限のとりたて―ダニ、スラ、サへの統語的特徴―」『筑波大学東西言語文化の類型論特別プロジェクト研究成果報告書平成12年度別冊日本語のとりたて』
高山善幸(2003)「極限のとりたての歴史的変化」『日本語のとりたて―現代語と歴史的変化・地理的変異』くろしお出版
高橋太郎(1978a)「「も」によるとりたて形の記述的研究」『国立国語研究所報告62 研究報告1』国立国語研究所
高橋太郎(1978b)「よこの限定の「だけ」の、たての構文機能へのかかわり」『群女国文』7　群馬女子短期大学
高橋太郎(1983a)「いわゆる「副助詞」の記述のしかたについて」『日語学習与研究』1　対外経済貿易大学(中華人民共和国)
高橋太郎(1983b)「いわゆる「副助詞」の記述のしかたについて　(続)」『日語学習与研究』2　対外経済貿易大学(中華人民共和国)
田窪行則(1987)「統語構造と文脈情報」『日本語学』6-5　明治書院
立松喜久子(1992)「共感の「も」の用法について」『アメリカ・カナダ大学連合日本研究センター紀要』15
田中章夫(1977)「助詞(3)」『岩波講座日本語7 文法Ⅱ』岩波書店
田中章夫(2001)『近代日本語の文法と表現』明治書院
田野村忠温(1991)「「も」の一用法についての覚書―「君もしつこいな」という言い方の位置づけ―」『日本語学』10-9　明治書院
陳連冬(2003)「名詞に接続する「など」の意味・機能―明治期と現代との比較を中心に―」『待兼山論叢』37　大阪大学文学会
陳連冬(2005)「「なぞ」と「なんぞ」の意味・機能―「など」との比較を含めて―」『日本語教育論集　世界の日本語教育』15 国際交流基金
塚原鉄雄(1967)「も」『国文学』12-2　学燈社
塚原鉄雄(1969)「四―も―接続助詞〈現代語〉」松村明編『古典語現代語助詞助動詞詳説』学燈社
寺田洋枝(2000)「明治期東京語における『だけ』の限定用法」『国語研究』63 國學院大學国語研究会
寺村秀夫(1981)「ムードの形式と意味(3)―取立て助詞について―」『文芸言語研究言語篇』6 筑波大学文芸・言語学系
寺村秀夫(1991)『日本語のシンタクスと意味Ⅲ』くろしお出版

時枝誠記(1941)『國語學原論』岩波書店
時枝誠記(1950)『日本文法 口語篇』岩波書店
外池滋生(1989)「「は、も、が」の論理形式―文文法と談話文法のインターフェス―」『明治学院論叢(446)英語・英米文学』74 明治学院大学
中川正之(1982)「中国語―とくに助詞「も」に対応する一音節副詞をめぐって―」『講座日本語学 11』明治書院
中西久美子(1995)「モとマデとサエ・スラ」『日本語類異義表現の文法(上)単文編』くろしお出版
永野賢(1951)「現代語の助詞・助動詞―用法と実例―」『国立国語研究所報告』3
西田直敏(1967)「も」『国文学』12-2 学燈社
丹羽哲也(1992)「副助詞における程度と取り立て」『大阪市立大学文学部紀要人文研究国語・国文学』44-13
丹羽哲也(1997)「現代語「こそ」と「が」「は」」『日本語文法体系と方法』ひつじ書房
丹羽哲也(2001)「「取り立て」の範囲」『国文学解釈と教材の研究』46-2 学燈社
沼田善子(1984a)「とりたて詞の研究」東京都立大学 修士論文
沼田善子(1984b)「とりたて詞の意味と文法―モ、ダケ、サエを例として」『日本語学』3-4 明治書院
沼田善子(1986a)「第 2 章とりたて詞」『いわゆる日本語助詞の研究』凡人社
沼田善子(1986b)「副詞句のとりたて―「と」「ば」「たら」「なら」と「も」―」『都大論究』23 東京都立大学国語国文学会
沼田善子(1988)「とりたて詞の意味再考―「こそ」、「など」について―」『論集ことば』『論集ことば刊行会』編くろしお出版
沼田善子(1989)「とりたて詞とムード」『日本語のモダリティ』くろしお出版
沼田善子(1991)「とりたて詞文の二義性」『同志社女子大日本語日本文学』3
沼田善子(1992a)『セルフマスターシリーズ 5「も」「まで」「さえ」など―とりたて―』くろしお出版
沼田善子(1992b)「とりたて詞と視点」『日本語学』11-8 明治書院
沼田善子(1993)「「少しだけあるから」と「少ししかないから」」『個別言語学における文法カテゴリーの一般化に関する理論的研究』筑波大学文芸・言語学系
沼田善子(1994a)「その後の「も」―「も」の意味を再考する」『文藝言語研究言語篇』25 筑波大学文芸言語学系
沼田善子(1994b)「とりたて詞「だけ」と条件節をめぐる解釈の二義性」言語理論研究会発表於早稲田大学
沼田善子(1995)「現代日本語の「も」」『「も」の言語学』ひつじ書房
沼田善子(2000a)「とりたて」『別冊國文學現代日本語必携』學燈社
沼田善子(2000b)「第 3 章とりたて」『日本語の文法 2 時・否定と取り立て』岩波書店
沼田善子(2001)「とりたての作用域と否定」『筑波大学東西言語文化の類型論特別プロジェクト研究成果報告書平成 12 年度別冊日本語のとりたて』

沼田善子（2002）「とりたて詞の文法―体系記述のための覚え書き―」『日語学習与研究』2002-4／2003-1 対外経済貿易大学（中華人民共和国）
沼田善子（2003）「現代語のとりたての体系」『日本語のとりたて―現代語と歴史的変化・地理的変異―』くろしお出版
沼田善子（2004）「近現代語における「さえ」と「すら」の使用実態」『日本語における話し言葉の文法研究』平成 15 年度文部科学省科学研究費補助金基盤研究 C（2）研究成果報告書課題番号 13610483（研究代表者杉本武）
沼田善子・徐建敏（1995）「とりたて詞「も」のフォーカスとスコープ」『日本語の主題と取り立て』くろしお出版
沼田善子・野田尚史編『日本語のとりたて―現代語と歴史的変化・地理的変異』くろしお出版
野口直彦・原田康也（1993）「「だけ」についての意味論的・語用論的考察」『日本認知科学会第 10 会大会予稿集』
野口直彦・原田康也（1994）「とりたて助詞と量的解釈」日本言語学会第 11 回ワークショップ「日本語の意味と解釈における状況依存性」口頭発表要旨
野口直彦・原田康也（1996）「とりたて助詞の機能と解釈」『日文研叢書 10 制約に基づく日本語の構造の研究』国際日本文化研究センター
野田尚史（1996）『新日本文法選書 1「は」と「が」』くろしお出版
橋本進吉（1969）『橋本進吉著作集第 8 冊　助詞・助動詞の研究』岩波書店
長谷川清喜（1970）「13 さへ（さえ）―副助詞〈古典語・現代語〉」『古典語現代語助詞助動詞詳説』學燈社
半藤英明（1988）「現代語「だけ」の用法分類とその周辺」『文学・語学』123
半藤英明（1994）「「だけで」文の二義性について」『國學院雑誌』93-7
前田広幸（1991）「数量の小量性を強調する「モ」について～尺度の無標方向性および否定の働き～」『女子大文学（国文篇）大阪女子大学国文学科紀要』42
益岡隆志（1987）『命題の文法』くろしお出版
益岡隆志（1990）「取り立ての焦点」『日本語学』9-5　明治書院
益岡隆志（1991）『モダリティーの文法』くろしお出版
益岡隆志（2000）『日本語文法の諸相』くろしお出版
松井（山森）良枝（1996）「自然言語における量化と否定の相互作用―「シカ…ナイ」構文を例として―」『人文学報』77　京都大学人文科学研究所
松尾捨次郎（1936）『国語法論巧』文学社
松下大三郎（1928）『改選標準　日本文法』（松下大三郎著、徳田政信編（1974）勉誠社による）
松下大三郎（1930）『増補校訂標準日本口語法』（1974　勉誠社による）
松下大三郎（1961）『標準日本口語法』白帝社
三上章（1963）『日本語の論理』くろしお出版
三井はるみ（2001）「極限のとりたての地理的変異」『筑波大学東西言語文化の類型論特別プロジェクト研究成果報告書平成 12 年度別冊日本語のとりたて』

三井はるみ(2003)「極限のとりたての地理的変異」『日本語のとりたて―現代語と歴史的変化・地理的変異』くろしお出版
三井正孝(1994)「〈達成〉のモ―所謂〈柔らげ〉のモ―」『森野宗明教授退官記念論集言語・文学・国語教育』三省堂
南不二男(1974)『現代日本語の構造』大修館
南不二男(1993)『現代日本語文法の輪郭』大修館
南不二男(1997)『現代日本語研究』三省堂
宮田幸一(1948)『日本語文法の輪郭』三省堂
宮田幸一(1980)「格助詞と取り立て助詞」『月刊言語』9-12
宮田幸一(2001)「限定のとりたての歴史的変化―中世以降―」『筑波大学東西言語文化の類型論特別プロジェクト研究成果報告書平成12年度別冊日本語のとりたて』
宮田幸一(2003)「限定のとりたての歴史的変化―中世以降―」『日本語のとりたて―現代語と歴史的変化・地理的変異』くろしお出版
宮地朝子(1997)「係助詞シカの成立―〈其他否定〉の助詞の歴史的変遷に見る―」『名古屋大学国語国文』81
宮地朝子(2001)「限定のとりたての歴史的変化―中世以降―」『日本語のとりたて―現代語と歴史的変化・地理的変異』くろしお出版
宮地朝子(2007)「形式名詞の文法化―名詞句としての特性から見る―」『日本語の構造変化と文法化』ひつじ書房
宮地敦子(1967)「も」『国文学』12-2　学燈社
宮地裕(1971)「だに」『日本文法大辞典』明治書院
宮田幸一(1948)『日本語文法の輪郭』三省堂
宮田幸一(1980)「格助詞と取り立て助詞」『月刊言語』9-12 大修館書店
茂木俊伸(1997)「とりたて詞「まで」「さえ」について―否定との関わりから―」平成9年度筑波大学第二学群日本語・日本文化学類卒業論文
茂木俊伸(1999)「とりたて詞「まで」「さえ」について―否定との関わりから―」『日本語と日本文学』28　筑波大学国語国文学会
茂木俊伸(2000)「とりたて詞の階層性について」『2000年度国語学会秋季大会要旨集』
茂木俊伸(2004)「とりたて詞文の解釈と構造」筑波大学大学院文芸・言語研究科博士(言語学)学位論文
茂木俊伸(2006)「従属節内の「さえ」「こそ」の解釈と構造」『現代日本語文法現象と理論のインタラクション』ひつじ書房
森重敏(1971)『日本文法の諸問題』笠間書院
森田良行(1972)「「だけ」「ばかり」の用法」『早稲田大学語学教育研究所紀要』10
森田良行(1980)『基礎日本語2』角川書店
森田良行(1981)「母だけに話すと母にだけ話す」『日本語の発想』冬樹社
森山卓郎(1990)「スコープ」『日本語学』9-10 明治書院
森山卓郎(1998)「例示の副助詞「でも」と文末制約」『日本語科学』3　国立国語研究所／

国書刊行会
森山卓郎(2000)『ここからはじまる日本語文法』ひつじ書房
安田章(1977)「6. 助詞」『岩波講座日本語7 文法Ⅱ』岩波書店
山口明(1971)「間投助詞」松村明編『日本文法大辞典』明治書院
山崎良幸(1965)『日本語の文法機能に関する体系的研究』風間書房
山崎誠(1990)「否定の焦点」『日本語学』9-12 明治書院
山田小枝(1993)「モダリティと否定」『国文学解釈と鑑賞』58-1 至文堂
山田孝雄(1908)『日本文法論』宝文館出版
山田孝雄(1922)『日本口語法講義』宝文館書店
山田孝雄(1936)『日本文法学概論』宝文館出版
山田孝雄(1952)『平安朝文法史』宝文館出版
山中美恵子(1991a)「「も」の含意についてその1―「対照集合」「EXPECT値」「内部対照集合」―」『日本語・日本文化』17 大阪外国語大学留学生別科・日本語科
山中美恵子(1991b)「「も」「でも」「さえ」の含意について」日本語と中国語対照研究会編『日本語と中国語の対象研究』14
山中美恵子(1993)「現象―対比―主題―その関連性の解明に向けての覚書―」『高度な日本語記述文法書作成のための基礎的研究』平成4年度科学研究費補助金研究成果報告書
山中美恵子(1995)「とりたてという機能―「こそ」を中心に―」『日本語の主題ととりたて』くろしお出版
湯沢幸吉郎(1954)『江戸言葉の研究』明治書院(1981 増訂2刷による)
湯沢幸吉郎(1977)『口語法精説』明治書院
湯沢幸吉郎(1981)『室町時代言語の研究』明治書院
吉本啓(1993)「日本語の主題・焦点・時制」『言語研究』103
渡辺実(1971)『国語構文論』塙書房
渡辺実(1974)『国語文法論』笠間書院

Akatsuka, N. (1985) Conditionals and Epistemic Scale. *Language 61-3*
Aoyagi, H. (1998) *On the Nature of Particles in Japanese and Its Theoretical Implications*. Ph. D. Dissertation, University of Southern California
Aoyagi, H. (1999) On Association of Quantifier-like Particles with Focus in Japanese. *Linguistics: In Search of the Human Mind -A Festschrift for Kazuko Inoue*, Masatake Muraki and Enoch Iwamoto (eds.) 開拓社
Fillmore, C. (1965) Entailment rules in semantic theory. *POLA Report 11*, Ohio State University, Reproduced in *Readings in Philosophy of Language*. J. Rosenberg and C.Travis (eds.) 1971, Prentice Hall,Inc.
Givón, T. (1982) Evidentiality and epistemic scale. *Studies in Language 6*
Jackendoff, R. S. (1972) *Semantic interpretation in generative grammar*. MIT Press

Kato, Y. (1985) Negative sentences in Japanese. *Sohia Linguistica 19*, Sophia University

König, E. (1991) *The Meaning of Focus Particles: A Comparative Perspective*. Routledge

Kuroda, S-Y. (1965) *A generative-Grammatical Studies of the Japanese Language*. Ph. D. Dissertation, MIT

Kuroda, S-Y. (1969, 1970) Remarks on the Notion of Subject with Reference to Words like Also, Even, or Only,illustrating Certain Manners in Which Formal Systems Are Employed as Auxiliary Device in Linguistic Descriptions:Part1 and Part 2. *Annual Bulletin of the Research Institute of Logopedics and Phoniatrics 3–4*, University of Tokyo.

Muraki, M (1978) The Sikanai Construction and Predicate Restructuring. *Problems in Japanese Syntax and Semantics*. 開拓社

Noguchi, N.・Harada, Y. (1992) On the Semantics and Pragmatics of *dake* (and *only*). *SALT* II *(Proceedings of the Second Conference on Semantics and Linguistics Theoly)*, The Ohio State University

Oyakawa, T (1975) On the Japanese sika-nai Construction.『言語研究』67 日本言語学会

Sano, M. (1996) A Checking Theoretical Analysis of Japanese Adverbial Particles with Special Reference to dake 'Only'.『立命館 言語文化研究』7-5・6 立命館大学国際言語文化研究所

Sano, M. (2000) Island Effects on Invisible Movement of Focus Particles: A Case Study of KOSO and SAE in Japanese. *English Linguistics 17: 2*, The English Society of Japan

Sano, M. (2001) On the Scope of Some Focus Particles and Their Interaction with Causatives, Adverbs, and Subjects in Japanese. *English Linguistics 18: 1*. The English Society of Japan

Taglicht, J. (1984) *Message and Enphasis: On Focus and Scope in English*. Longman

Takubo, Y. (1985) On the Scope of Negation and Question in Japanese. *PIJL 10*, くろしお出版

索引

E
epistemic scale　136

S
scale　136

あ
アスペクト詞　23, 45, 111, 115, 203, 204
暗示的主張　38
暗示取立て　10

い
E値のスケール　136, 158
行過ぎ取立て　10
一次特徴　248
意味的な主要素　69
引用節　231

え
詠嘆　133
婉曲　234
婉曲的な表現　133, 234

お
応答詞　45, 60

か
概数を表す形式名詞　92
概数量を表す形式名詞　21, 93, 94, 205
係助詞　9, 10, 13, 14, 24, 25, 28, 29, 30, 119, 121, 221, 222, 223
仮定条件　153
可能動詞　206
含意　126, 158
間投助詞　101
含蓄的表現　133
間投詞　29
間投詞化　238
間投助詞　101, 102

き
疑似節　199, 200
擬似的例示　133, 233, 234
基準述語句　74, 79, 82, 150, 240
擬制　233, 235
「逆接接続助詞」の「も」　108, 109
逆接接続助詞　156, 157
逆接添加の接続詞　108
逆接添加の「も」　109, 110
逆接の接続助詞　110
狭義とりたて　247
狭義のとりたて　2, 5
強調　10
際立たせる　14, 57

く
「くらい」　246

け
形式的視点　218
形式副詞　12, 13, 27, 28, 89, 90, 101, 104, 151, 162, 193, 203
形式名詞　28, 31, 93, 94, 193, 203
「軽視・謙遜」の用法　236
原因・理由の形式副詞　91
原因・理由を表す表現　152
言語的文脈　54, 58
顕著取立て　10
限定　196, 209, 213

こ
語彙論的同類性　46, 49, 57
広義とりたて　247
広義のとりたて　2, 5
後接制限　206
肯定的陳述　216
構文論的同類性　46, 49, 53, 57
古語の係助詞「ぞ」　226
古語の「ばかり」　207
コトガラ的側面　30, 33
事柄の適切性　236
個別的視点　215, 216, 219
語用論的同類性　69

さ
最小値の強調　147, 148

最大値の強調　147, 148, 149
最低限　246
最低条件　171, 174, 176, 177, 178, 179, 197, 198, 199, 200
さへ　184, 191
作用域　59, 87, 169, 199, 240, 241

し

詞　13, 29
辞　13, 29
事態成立可能性の推し量り　158
詞的な詞　13
辞的な辞　13
自由性　32
縮約条件節　77
主観的な側面　30
縮約譲歩節　77
主題　30, 45, 60
主題提示　29
主観的側面　33
述語句の複合化　33
順序助詞　95, 96, 161
条件節　77, 151, 152, 174, 175, 197, 198
条件節の解釈　153
条件取立て　10
条件のとりたて　178
条件法との呼応　185
状態性述語　206
焦点　59
譲歩　226
譲歩取立て　10
少量評価強調　147, 148
序列　167, 168
序列上の最端要素　168

真の視点　218

す

数量詞　44, 60
数量名詞　93

せ

接続詞　32, 33, 107
絶対条件　198, 199, 200
説明の助動詞　113
選択的例示　17, 246
前提　126, 128, 129, 135
前提集合　218

た

対事的ムード　15
題助詞　119, 120
第二陳述　216
対比　29, 30
題目提示機能　121
題目の助辞　108, 119, 120
大量評価強調　147, 148
「だけ」の作用域　82, 200
「だけ」の焦点　199
「他者―肯定」系　245
「他者―否定」系　245
「他者―不要」　177, 197
だって　187
タテのスケール　136
だに　184, 189, 191
段階の前提　136
「単純想定」類　245
単純他者肯定　125
単純取立て　10
「断定」類　245

ち

重複構造　143, 144
陳述　119, 120
陳述副詞　44, 60, 84

つ

追加取立て　10, 120

て

提示助詞　119
提示助辞　120
提題　14, 15, 16
提題機能　120
「提題」の助詞　119, 120, 121
程度　91
程度の形式副詞　21, 90, 91, 92
程度副詞　44
添加の接続詞　106

と

同語反復　105, 106, 107, 109, 110, 111
動作の様態　91
動作の到達点　96
時枝文法　13
特選取立て　10
特定語句強調の間投助詞　239
特別取立て　10
特立　225
閉じられた重複構造　145, 146
閉じられた「も」の重複構造　144

と

とりたて形　12
とりたて構造　84
とりたて詞の作用域　22
取（り）立て助詞　119, 120
取り立て助詞　119
取立て助詞　9, 14, 15, 16, 120
とりたての作用域　59, 73, 74, 75, 76, 81, 84, 85
とりたての焦点　57, 59, 60, 61, 62, 63, 64, 65, 84, 85
とりたて副詞　249

に

二次的特徴　216
二次特徴　129, 168, 216, 218, 219, 225, 233, 237, 238, 245, 248
二重視点　218, 219
任意性　13, 25, 27, 28, 32
認知的焦点　137, 140, 141
認知的スケール　136, 139, 140, 141
認知的なスケール　138

は

背景作り　234
排他の「が」　223
話し手の主観　10, 13, 15, 29
範囲の終点　96
反語的表現　19
反駁　226
判断価値の再判断　107
判断段階　84
反予想　183

ひ

非言語的文脈　54, 55, 58
否定述語　19, 62, 185, 206, 211, 213, 239, 240, 241, 242
否定的陳述　216
否定的特立　19, 235, 237, 238
否定の作用域　148, 150, 169
非名詞性　13, 25, 30, 31, 32, 33
評価　15, 16, 236, 238, 246
「評価想定」類　245
「評価」の助詞　121
評価判断　224
「評価」を含む「想定」 225, 237
開かれた「も」の重複構造　145
品詞分類　89, 100

ふ

副助詞　9, 10, 11, 13, 14, 24, 25, 30, 32, 119, 120
複数性　214
複文中の焦点　72
不定指示詞　21, 125, 154, 155
不定指示詞「なに」　229
否定述語の制限　206
不定数量限定詞　12, 16
不定他者肯定　130, 146
不定用法　129, 131, 147
文頭詞　13
文副詞　44, 60, 84, 111
文副詞類　101, 102, 103, 104

へ

並立接続助詞　97
並列構造　143
並列詞　21, 31, 32, 97, 98, 99, 100, 143
並列詞「と」　229
並列助詞　31
並列接続助詞　12

ほ

包括的な視点　215
補文標識　77

む

無標の「想定」　237

め

命題の複合化　249
名詞性　31, 33
明示的主張　38
名助辞　31
名詞列挙　21
命題成立可能性スケール　136, 158

も

「も$_1$」による重複構造　154, 155
「も$_2$」による「強調」　135

分布の自由性　13, 25, 26
文末詞　13, 23, 29, 45, 60
文脈依存的同類性　46, 50, 53, 57, 67, 69

「も₂」の作用域　148, 150
「も」の作用域　78, 79, 83
「も」の焦点　79
「も」の重複構造　138

や

柔らげ　130, 242

ゆ

誘導推論　201

有標の「想定」　237

よ

予想外取立て　10
呼び水的機能　131, 132

る

類推　183

れ

例示　100
連体文内性　13, 25, 28, 29, 32, 33
連立取立て　10, 120

ろ

論理的関係　56

【著者紹介】

沼田 善子(ぬまた よしこ)

(略歴)1958年愛知県知立市生まれ。1984年東京都立大学大学院人文科学研究科修士課程国文学専攻修了。1986年同大学大学院人文科学研究科博士課程国文学専攻中退。国立国語研究所研究員、同志社女子大学講師を経て、現在、筑波大学大学院人文社会科学研究科教授。博士(言語学)。

(主な著書・論文)「とりたて詞の意味と文法—モ・ダケ・サエを例として—」(『日本語学』第3巻第4号 明治書院)、『いわゆる日本語助詞の研究』(共著 くろしお出版1986年)、『日本語文法セルフ・マスターシリーズ5「も」「だけ」「さえ」など—とりたて—』(くろしお出版1992年)、『日本語の主題ととりたて』(共編著 くろしお出版1995年)、「授受動詞文と対人認知」(『日本語学』第18巻第9号 明治書院1999年)、『日本語の文法3 時・否定と取り立て』(共著 岩波書店2000年)、『日本語のとりたて—現代語と歴史的変化・地理的変異—』(共編著 くろしお出版2003年)など

ひつじ研究叢書〈言語編〉第68巻
現代日本語とりたて詞の研究

発行	2009年2月14日 初版1刷
定価	6200円+税
編者	Ⓒ 沼田善子
発行者	松本 功
本文フォーマット	向井裕一(glyph)
印刷所	互恵印刷株式会社
製本所	田中製本印刷株式会社
発行所	株式会社 ひつじ書房
	〒112-0011 東京都文京区千石2-1-2 大和ビル2F
	Tel.03-5319-4916 Fax.03-5319-4917
	郵便振替 00120-8-142852
	toiawase@hituzi.co.jp　http://www.hituzi.co.jp

ISBN978-4-89476-401-9

造本には充分注意しておりますが、落丁・乱丁などがございましたら、小社かお買上げ書店にておとりかえいたします。ご意見、ご感想など、小社までお寄せ下されば幸いです。

刊行案内

Hituzi Linguistics in English No.10
The Development of the Nominal Plural Forms in Early Middle English
堀田隆一 著
978-4-89476-403-3　定価 13000 円＋税

Hituzi Linguistics in English No.11
Chunking and Instruction
The Place of Sounds, Lexis, and Grammar in English Language Teaching
中森誉之 著
978-4-89476-404-0　定価 8800 円＋税

Hituzi Linguistics in English No.12
Detecting and Sharing Perspectives Using Causals in Japanese
宇野良子 著
978-4-89476-405-7　定価 12000 円＋税

Hituzi Linguistics in English No.13
Discourse Representation of Temporal Relations in the So-Called Head-Internal Relatives
石川邦芳 著
978-4-89476-406-4　定価 9400 円＋税

Hituzi Linguistics in English No.14
Features and Roles of Filled Pauses in Speech Communication
A corpus-based study of spontaneous speech
渡辺美知子 著
978-4-89476-407-1　定価 11000 円＋税

刊行案内

講座社会言語科学　全6巻
各巻 A5判上製カバー装　定価 3200 円＋税

講座社会言語科学 第1巻　異文化とコミュニケーション
井出祥子・平賀正子 編

講座社会言語科学 第2巻　メディア
橋元良明 編

講座社会言語科学 第3巻　関係とコミュニケーション
大坊郁夫・永瀬治郎 編

講座社会言語科学 第4巻　教育・学習
西原鈴子・西郡仁朗 編

講座社会言語科学 第5巻　社会・行動システム
片桐恭弘・片岡邦好 編

講座社会言語科学 第6巻　方法
伝康晴・田中ゆかり 編

シリーズ文と発話　全3巻　串田秀也・定延利之・伝康晴 編
各巻 A5判上製カバー装　定価 3200 円＋税

第1巻　活動としての文と発話
第2巻　「単位」としての文と発話
第3巻　時間の中の文と発話

刊行案内

国際交流基金日本語教授法シリーズ　全 14 巻
各巻 B5 判並製(* は 2009 年 2 月現在未刊)

　第 1 巻　日本語教師の役割／コースデザイン　定価 580 円＋税
　第 2 巻　音声を教える　定価 1500 円＋税
*第 3 巻　文字・語彙を教える
*第 4 巻　文法を教える
　第 5 巻　聞くことを教える　定価 1000 円＋税
　第 6 巻　話すことを教える　定価 800 円＋税
　第 7 巻　読むことを教える　定価 700 円＋税
*第 8 巻　書くことを教える
　第 9 巻　初級を教える　定価 700 円＋税
*第 10 巻　中・上級を教える
*第 11 巻　日本事情・日本文化を教える
*第 12 巻　学習を評価する
*第 13 巻　教え方を改善する
　第 14 巻　教材開発　定価 800 円＋税